Top Secret. Was Deine Mama Dir nie über Männer erzählt hat™

"Das Handbuch für genialen SEX"

Cv Pillay

Der SuccSex-Guru der Stars™
Preisgekrönter Bestsellerautor, Gewinner des
"What Women Want To Know Authority Award"
Internationaler Motivationstrainer
Finalist bei der Wahl zum Unternehmer des Jahres 2015
Drehbuchautor

Top Secret: Was Deine Mama Dir nie über Männer erzählt hat™

Original-Buch in Englisch:

The Secrets Your Mama
Didn't Tell You
About Men™

"The MANual To Amazing SEX"

Cv Pillay

Alle Rechte Vorbehalten

Das Recht von Cv Pillay, als Autor dieses Werkes identifiziert zu werden wurde von ihm gemäß den Bestimmungen des britischen Copyright, Designs and Patents Act, 1988 geltend gemacht.

Alle Rechte vorbehalten. Kein Teil dieses Buches darf ohne schriftliche Erlaubnis auf jedwede Art verwendet oder vervielfältigt werden, mit Ausnahme von kurzen Zitaten in Buchrezensionen oder -kritiken. Jede Person, die eine unerlaubte Handlung bezüglich dieses Buches ausführt, kann dafür straf- und zivilrechtlich verfolgt werden.

ISBN
978-0-9929282-1-6

Überarbeitete Ausgabe 2015

Gedruckt im Vereinigten Königreich

Dieses Buch ist im Internet, bei meinen Seminaren und in gut sortieren Buchhandlungen erhältlich.

Kunsterk: Dagmara Rosiak (www.digirigi.com)
Deutsche Übersetzung: Annette Held (www.held-coaching.de)

Copyright © 2015 Cv Pillay

Top Secret: Was Deine Mama Dir nie über Männer erzählt hat™

FEEDBACK ZU DIESEM BUCH

Das MÜSSEN Sie lesen!

Wow! Was kann ich sagen, ich finde es einfach klasse! Ich habe das Buch non-stop in einem Rutsch gelesen. Ich konnte es einfach nicht beiseitelegen, und als ich nach Hause kam, wusste mein Göttergatte gar nicht, wie ihm geschah! Das Buch ist wirklich leicht zu lesen und nachzuvollziehen. Cv gibt uns neue Ideen, frischt die Erinnerung an alte Ideen wieder auf und bringt uns dazu, sie in die Tat umzusetzen! Ja, ich habe meinen Ehemann wie ein Kind behandelt. Ja, ich hatte ihm seine Kraft genommen. Und ja, ich wollte, dass er mein MANN ist! So funktioniert das einfach nicht, Mädels!

Wir sind jetzt 18 Jahre verheiratet und hatten Sex nur noch „weil es dazu gehört". Finden Sie heraus, was Ihnen Spaß macht, bringen Sie es zum Strahlen und los geht's. Lange nicht mehr so guten Sex gehabt, und ich habe vor, noch viel mehr davon zu haben! Befreien Sie Ihr Sexleben und haben Sie wieder Spaß! Meine Empfehlung: Lesen Sie dieses Buch und zaubern Sie das Lächeln zurück in Ihr Gesicht – und in seins! ☺

By Nik

Top Secret: Was Deine Mama Dir nie über Männer erzählt hat™

Lernen Sie neue Fähigkeiten und schaffen Sie alte Gewohnheiten ab!

In diesem Buch gibt uns Cv Pillay einen Einblick darin, wie Männer über Sex und Beziehungen denken. Einiges war eine ziemliche Offenbarung für mich, und ich verstand plötzlich, warum in meinen vergangenen Beziehungen Probleme aufgetaucht waren. Mir kam die Erleuchtung, dass ich ein bestimmtes Verhaltensmuster ständig wiederholt hatte. Auch die Tatsache, dass ALLE Männer anderen Frauen nachschauen war neu für mich. Also liegt es an ihm, nicht an mir!

Man lernt eine Menge Techniken für guten Sex. Es stimmt, dass meine Mama mir nie etwas davon erzählt hat – also lernt man das am besten von einem erfolgreichen Sex-Coach! Mit diesem Buch können Sie neue Fähigkeiten erlangen und alte Gewohnheiten loswerden, um damit Ihre Beziehung zu verbessern – oder aber bereit für eine neue Beziehung zu werden, die besser ist als das, was Sie vorher hatten. Die schriftlichen Übungen sind sehr effektiv, weil Aufschreiben es „wirklich" macht und den ersten Schritt zur Veränderung einleitet. Ich empfehle Ihnen dieses Buch als Investition in sich selbst und Ihre Beziehungen.

By Anonym

Top Secret: Was Deine Mama Dir nie über Männer erzählt hat™

Aufschlussreich und super-leicht zu lesen

Ich bin ein Bücherwurm und habe stapelweise Bücher zu Hause, die ich noch nicht gelesen habe. Aber dieses Buch habe ich an einem Abend durchgelesen. Das ist das Schöne an diesem Buch: Es ist eine wahre Perle – voll mit tollen Ideen, mundgerecht serviert. So wird man nicht mit Informationen überschüttet, sondern gewinnt genügend Erkenntnisse, um sie in sein Alltagsleben einzubringen und so sein Leben zu verändern. Seite 24 war wirklich das größte Aha-Erlebnis für mich, weil ich schon den Verdacht hatte, da ein gewisses Verhaltensmuster zu haben – und hier habe ich die Bestätigung gefunden. Ich kann dieses Buch wirklich nur empfehlen – ob Sie Single sind wie ich und sich wundern, was Sie die ganze Zeit falsch gemacht haben, oder ob Sie in einer Beziehung leben und ihr neuen Schwung geben wollen.

By Yogi

Viel mehr als ein Sex-Buch

Ich habe erst gezögert, dieses Buch zu lesen, weil ich dachte, es sei einfach nur ein weiteres Sex-Buch. Weit gefehlt! Dieses Buch ist viel mehr als das. Und man bekommt eine Menge Geheim-Tipps über Sex, die wirklich jede Frau wissen sollte. Wenn Sie in vielen

Teilen des Buches statt MANN GELD, GESUNDHEIT, ZEIT (ODER WAS IMMER SIE SICH WÜNSCHEN) einsetzen, bekommen Sie auch zu diesem Bereich ein paar wirklich nützliche Tipps.

By Anonym

Dieses Buch macht Spaß und ist leicht verständlich

Ich habe so ziemlich von Anfang an verstanden, wo meine Fehler lagen. Aber ich habe auch bestätigt bekommen, was ich schon richtig mache. Das Buch macht Spaß und ist leicht verständlich. Ich empfehle es wirklich jedem! Fünf Sterne! Danke, Cv!

By Maisa

Geniales Buch!

Wow! Leicht zu lesen und schwer zur Seite zu legen! Es macht Spaß, fordert Dich heraus und holt Dich aus Deiner Komfortzone. Tu einfach, was er sagt! Cv ist ein Genie, was dieses Thema betrifft!

By Julie Hemingway

Vorwort

Vielleicht fragen Sie sich, warum Sie von all den Sex-Ratgebern, die es da draußen gibt, ausgerechnet dieses Buch kaufen sollten. Mit dem genialen Titel „Top Secret: Was Deine Mama Dir nie über Männer erzählt hat" bekommen Sie hier endlich eine Antwort auf die meisten Fragen, die alle Frauen normalerweise haben und die niemand beantworten kann oder will.

In diesem Buch finden Sie die Lösungen, ohne dass Sie selbst lange herumprobieren müssen. Es gibt viele Sex-Bücher da draußen, aber keines ist wie dieses. Denn hier bekommen Sie nach jedem Kapitel eine praktische Übung.

Cv Pillay hat ein Selbsthilfebuch über Sex geschrieben, das mehr Schwung in Ihr Leben bringen wird – und dies in mehr Spielarten, als Sie es sich jemals vorstellen können. Ich weiß, Sie werden dieses Buch lieben!

In diesem Buch geht es nicht nur darum, wie Sie „den Kerl bekommen", sondern auch, wie sie ihn halten, weil er nur noch bei Ihnen bleiben will!

Raymond Aaron, New York Times Bestseller-Autor
„Double Your Income Doing What You Love"

Top Secret: Was Deine Mama Dir nie über Männer erzählt hat™

Disclaimer - Bitte Lesen!

Obwohl jeder die Praktiken, Übungen, Spiele und Erklärungen in diesem Buch nützlich finden mag, wird es dennoch mit der Maßgabe verkauft, dass weder der Autor noch der Verleger darin medizinische, psychologische, emotionale, sexuelle oder spirituelle Ratschläge erteilen wollen. Genauso sollte nichts in diesem Buch als Diagnose, Rezept, Empfehlung oder Heilmittel für jedwedes medizinische, psychologische, emotionale, sexuelle oder spirituelle Problem verstanden werden. Jeder Mensch ist einzigartig in seinen Bedürfnissen, und dieses Buch kann diese individuellen Unterschiede nicht berücksichtigen. Jeder sollte sich nur nach Konsultation eines lizensierten, qualifizierten Arztes, Therapeuten oder anderen kompetenten Experten in jegliche Behandlung, Prävention, Therapie oder Gesundheitsprogramm begeben. Jeder, der entweder an Geschlechtskrankheiten oder einer lokalen Erkrankung seiner/ihrer Geschlechtsorgane oder Prostata leidet, sollte seinen Arzt konsultieren, bevor er/sie die Sex-Spiele aus diesem Buch ausprobiert.

Power-Spruch
Du kannst Deine Vergangenheit nicht ändern
Aber Deine Zukunft!

Top Secret: Was Deine Mama Dir nie über Männer erzählt hat™

Über den Autor

Als "SuccSex-Guru der Stars" bin ich darauf spezialisiert, Ihnen zu helfen, Ihre innere sexuelle Energie zu erwecken, damit Sie diese neu gefundene Kraft nutzen, mit Leidenschaft Ihre größten Visionen wahr werden zu lassen und Ihr Leben so zu gestalten, wie Sie es wirklich wollen.
Ich schicke Ihre Gedanken auf eine Reise, auf der es keine Tabus mehr gibt.
Sie sind endlich frei, das zu tun und zu sein, worauf Sie schon immer Lust hatten.

Verleihen Sie Ihrer Energie ganz neue Dimensionen: sexuell, männlich, weiblich und kommunikativ.
Ich zeige Ihnen, wie Sie die echte sexuelle Energie befreien, die Sie als Person auszeichnet.
Erfinden Sie sich neu, und Ihr „allerbester Schatz" wird fasziniert sein von dem „Sexy Biest", in das Sie sich verwandelt haben!

Power-Spruch

*Dass sich unsere Wege gekreuzt haben
War kein Fehler.*

Top Secret: Was Deine Mama Dir nie über Männer erzählt hat™

Wenn Sie mehr über meine Arbeit erfahren wollen – hier sind meine Kontaktinformationen:

LinkedIn : Cv Pillay

Twitter : @Cvc4v

Skype : C4v.ltd

Instagram : CvPillay

Facebook : Cv Pillay

Google : +CvPillay

Man kann dieses Buch am besten so beschreiben:
John Gray (Männer sind anders, Frauen auch)
+ Fifty Shades of Grey =
Top Secret: Was Deine Mama Dir nie über Männer erzählt hat

SEX ist für mich eine Metapher! Mein SuccSex-Coaching kann Ihnen bei all diesen Dingen helfen:

- ◆ Spitzenleistungen erreichen

Top Secret: Was Deine Mama Dir nie über Männer erzählt hat™

- Ihr Potenzial voll ausschöpfen
- Ziele setzen
- Ins Tun kommen
- Klarheit bekommen
- Aufschieberitis besiegen
- Work-Life-Balance
- Karriere/Finanzen
- Partnersuche/Beziehungen
- Selbstvertrauen/Glaubenssätze bzgl. Sex
- Motivation/Energielevel
- Persönlichkeitsentwicklung
- Interessen/Lebenssinn finden
- Stress reduzieren
- Gesundheit/Wohlbefinden
- Abnehmen/Zunehmen
- Sucht/Schlechte Angewohnheiten loswerden
- Zeitmanagement
- Kommunikative Fähigkeiten
- Ihr eigenes Geschäft gründen
- Führung
- Fragetechniken
- Körpersprache
- Reden in der Öffentlichkeit
- Sexualleben

Danke an...

...meine Mama

Danke für all Deine Liebe und dass Du mir immer den Weg gewiesen hast. Du hast mich immer ermutigt, meinen Träumen zu folgen und niemals aufzugeben.
Ich liebe Dich.

...meine Mentoren und Coaches
(Wer mich seit 1999 beeinflusst hat)

Anthony "Tony" Robbins,
Richard Bandler, Raymond Aaron,
T. Harv Eker, Blair Singer,
John Gray, Wayne Dyer, Oprah Winfrey,
Deepak Chopra, Paulo Coelho
Milton Erickson, Napoleon Hill,
Dale Carnegie, Mahatma Gandhi und
Nelson Mandela.

Ihr alle seid eine große Quelle der Inspiration für mich in einer Zeit großer persönlicher Veränderung. Ich bin für alles dankbar, was ich von Euch lernen durfte.

Wie Sie dieses Buch lesen sollten

Dieses Buch ist kein Roman, und Sie sollten auch nicht versuchen, es wie einen Roman zu lesen. Dieses Buch ist ein Handbuch, das Ihnen eine Reihe von Ideen vermitteln wird, wie Sie Ihre Paarbeziehung sexuell bereichern können. Wie jedes Handbuch sollten Sie es wieder und wieder lesen. In unserer heutigen schnelllebigen Zeit ist es entscheidend, dass wichtige Informationen weit verbreitet werden, damit wir merken, was uns wirklich wichtig ist.

Dieses Buch hat ein leicht zu lesendes Format, um Ihnen in kürzester Zeit den größten Nutzen zu verschaffen. Dabei können Sie, liebe Leserin (oder lieber Leser), seine Anregungen sofort in die Tat umsetzen!
Natürlich gibt es unterschiedliche Typen von Leserinnen. Es gibt die „Naschkatzen", die erst mal eine Kostprobe nehmen und dann später wiederkommen, um wieder ein bisschen zu lesen. Es gibt die „maßvollen" Leserinnen, die sich gerne Zeit lassen, und die „gefräßigen", die das ganze Buch auf einmal verschlingen werden. Und es gibt die „Mitternachts-Snackerinnen", die kleine Bissen immer wieder genießen werden, um ihr Gedächtnis

aufzufrischen und neue Energie zu tanken. Meine Power-Sprüche, die über das ganze Buch verteilt sind, sind perfekt für alle Typen, aber ganz besonders die „Mitternachts-Snackerinnen".

Es gibt keinen falschen Weg, dieses Buch zu lesen. Ich bin fest überzeugt, dass seine Gedanken und Ideen Ihr Sexualleben zu bereichern werden. Der einzige Weg, wie Ihnen dieses Buch nicht helfen wird, ist indem Sie es nicht zu Ende lesen!

P.S. Wenn Sie die Worte „*Machen Sie sich Notizen*" sehen – machen Sie sich Notizen! Das wird Ihre Gedanken in Fluss bringen. Sie werden merken, wie sich Ihr Denken verändert. Wenn Sie dieses Buch als E-Book lesen, halten Sie Stift und Papier für Notizen bereit.

Seien Sie unvoreingenommen! Ich habe dieses Buch geschrieben, damit Sie die Übungen in diesem Buch aufgreifen und in die Praxis umsetzen – um das zu bekommen, was Sie sich wünschen: „Genialen Sex".

Power-Spruch

*Eine Sache nicht zu Ende führen
Ist wie ein Kondom auspacken und
nicht benutzen.*

Top Secret: Was Deine Mama Dir nie über Männer erzählt hat™

INHALT

Die Grundannahme dieses Buches............16

Quiz über Sie selbst............19

Was Ihnen genialer Sex mit Ihrem MANN bringt.........22

Fehler, die Sie vermeiden sollten............24

Quiz über Ihren MANN............39

Spiele, die Ihr MANN gerne spielen würde............42

Kinderspiele mit Ihrem MANN............58

Designer-Sex mit Ihrem MANN............64

Blowjob-Techniken............69

Body Talk: Körper – sag, was Du willst!............78

Wollen Sie Ihren MANN fesseln?............81

Köstliche Sex-Speisen für Sie und Ihren MANN............85

Seine Fantasien verstehen............90

Rollenspiele – ja oder nein?............102

Fragen und Antworten............110

Der Vorhang fällt............117

Power-Sprüche............122

Notizen............128

Die Grundannahme dieses Buches

Wussten Sie schon… 90 % aller Bücher über Beziehungen, Männer und Sex sind von Frauen geschrieben worden. Wenn Sie wissen wollen, wie Ihr MANN denkt, fragen Sie keine Frau! Fragen Sie mich – einen Mann! Dieses Buch hilft Ihnen, Ihren MANN noch mehr zu lieben und einen besseren Zugang zu seinen Gedanken und seinem Körper zu finden. Was steht am Anfang von „genialem Sex"? – Sie selbst!

Eigentlich wissen Sie es schon längst. Von den Menschen um Sie herum haben Sie es gelernt. Es gab eine Zeit in Ihrem Leben, da haben Sie es gehört, gesehen, gefühlt, gespürt und meistens auch geschmeckt (Sie wissen, was ich meine). Deshalb kann ich sagen: „Nicht alles in diesem Buch ist wirklich neu für Sie". Einige der Spiele, die ich entwickelt habe, sind neu! Und Sie werden sie lieben!

Die erste und wichtigste Annahme in diesem Buch ist diese: Ihr Leben ist ein kostbares Geschenk, das Ihnen zum Zeitpunkt Ihrer Geburt anvertraut wurde. Sie haben einen Körper, einen Verstand und Ihre persönliche Ausstattung mit Ressourcen und

Einschränkungen. Es liegt an Ihnen, zu nutzen, was Ihnen mitgegeben wurde, um das Beste für sich herauszuholen. Der Zweck unseres Lebens ist Selbstverwirklichung – die Verwirklichung unserer wahren Natur und das Ausschöpfen unseres Potenzials. Jetzt denken Sie vielleicht – was hat das mit diesem Buch zu tun? Das Geheimnis dieses Buches wird sich Ihnen möglicherweise ganz überraschend erschließen – aus einem Satz, einer Idee oder aus einem Fehler, den Sie bisher mit Ihrem MANN gemacht haben.

Sex ist ein wichtiger Aspekt Ihres Lebens oder sogar der wichtigste Teil Ihres Lebens. „Wenn Ihre Eltern damals keinen Sex gehabt hätten…" (Sie wissen, was ich meine), würden Sie jetzt dieses Buch nicht lesen.

Vielleicht ahnen Sie, was ich wirklich mit dieser Aussage bezwecke. Den meisten Menschen geht es so. Sie stellen sich jetzt gerade vor, wie Ihre Eltern Sex hatten, oder?

Kein Problem – das ist erlaubt!

Aber jetzt Schluss damit!!

Top Secret: Was Deine Mama Dir nie über Männer erzählt hat™

Sex bringt eine Menge Lust, Freude und Spaß in unser Leben. Alle Erfahrungen, die wir in unserem Leben machen, sind der „Lehrplan", nach dem wir unser wahres Selbst kennen lernen und unsere natürlichen Begabungen und Talente entwickeln.

Wenn man das Leben mit einer Schule vergleicht, muss das Fach „Sex und intime Beziehungen" nicht zu den schwersten Fächern gehören. Wenn Sie dieses Buch als Chance nutzen, mehr über sich selbst zu lernen und Ihre Fähigkeiten erweitern, kreativ mit Ihrem MANN umzugehen, werden Sie so gut wie immer glücklich sein.

Wenn Sie nach der Lektüre und den Übungen der ersten fünf Abschnitte dieses Buches nicht ein bisschen besser gerüstet für Ihren Umgang mit Sex sind, wäre dieses Buch für mich ein totaler Flop – zumindest, was Sie angeht. Denn schon der englische Philosoph Herbert Spencer sagte: „Das große Ziel von Bildung ist nicht Wissen, sondern Handeln."

Dies ist ein Buch, das verlangt, dass Sie ins Handeln kommen.

Power-Spruch

Ohne Tun trägt der Sieg keine Früchte.

QUIZ ÜBER SIE SELBST

Wählen Sie die Antwort, mit der Sie sich am besten identifizieren können. Nehmen Sie, was Ihnen zuerst in den Sinn kommt! Sie werden eine Menge durch dieses Quiz lernen.

Nehmen Sie sich Papier und Stift und notieren Sie Ihre Antworten:

1. Wie beurteilen andere Ihre Qualitäten im Bett?
   a) Sie rennen mir die Bude ein.
   b) Ganz gut, hoffe ich.
   c) Hat sich noch keiner beschwert.
   d) Wen interessiert's?

2. Ist es wichtig für Sie, dass Ihr MANN einen Orgasmus bekommt?
   a) Mein Partner kommt immer zum Höhepunkt.
   b) Sehr
   c) Nicht das wichtigste
   d) Warum? Bekommt nicht jeder einen Orgasmus?

3. Auf welcher Unterlage möchten Sie gerne Sex haben?
   a) Auf dem Körper meines Partners
   b) Auf einer Matratze
   c) Im weichen, grünen Gras
   d) Egal wo – Hauptsache, wir haben Spaß

4. Was ist das wichtigste für genialen Sex?
   a) Ausdauer
   b) Fantasie
   c) Ein perfekter Körper
   d) Intelligenz

5. Würden Sie jetzt mit dem Quiz aufhören und Sex haben?
   a) Ja
   b) Ist das eine Fangfrage?
   c) Nicht, bevor ich meine Punktzahl gesehen habe
   d) Nur, wenn Sie versprechen, dass es sich lohnt

Power-Spruch

Beim Sex geht es um Wahlmöglichkeiten Und darum, was Ihnen am wichtigsten ist.

Auswertung

(1) a = 2,　b = 4,　c = 3,　d = 1
(2) a = 3,　b = 4,　c = 2,　d = 1
(3) a = 3,　b = 4,　c = 2,　d = 1
(4) a = 2,　b = 4,　c = 1,　d = 3
(5) a = 4,　b = 3,　c = 2,　d = 1

16 – 20.
Wenn Sie an diesem Ende der Skala sind, sind Sie eine wilde Sex-Maschine! Sie verbringen viel Zeit damit, Sex zu haben oder daran zu denken. Sie gehen gut auf die sexuellen Bedürfnisse Ihres MANNes ein.

11 – 15.
Sie sind nicht bei den ganz Großen dabei, aber immerhin versuchen Sie's. Arbeiten Sie an der Idee, dass Sie immer so viel geben sollten, wie Sie auch bekommen möchten.

6 – 10.
Tun Sie sich selbst und Ihrem MANN einen Gefallen und arbeiten Sie dieses Buch mehrmals durch, bis Sie es so richtig gut hinbekommen!

0 – 5.
Schauen Sie im Lexikon unter „Keuschheit" nach und praktizieren Sie sie bis ans Ende Ihres Lebens!

Top Secret: Was Deine Mama Dir nie über Männer erzählt hat™

WAS IHNEN GENIALER SEX MIT IHREM MANN BRINGT

1. Eine extrem preiswerte Beziehungstherapie! Die Kommunikationstechniken aus diesem Buch werden Ihre Beziehungskompetenzen enorm verbessern.

2. Emotionale Gesundheit. Glück und Lebenszufriedenheit resultieren aus einer starken sexuellen Bindung zu Ihrem Partner.

3. Ihr MANN wird dankbar für das Glück sein, dass Sie in der Beziehung mit ihm empfinden.

4. Lange, kreative, preiswerte Dates! Sie und Ihr Mann werden lernen, die gemeinsame Zeit genießen. Sie werden jede Sekunde auskosten, mit einem strahlenden Lächeln im Gesicht!

5. Wissen, Rat und Ideen, die Sie Ihren Freundinnen mitgeben können. Sie können diese Tipps an Ihre Freundinnen weitergeben, um deren Beziehungen ebenfalls zu verbessern.

6. Seelische Gesundheit. Toller Sex trägt zu Ihrem persönlichen Wachstum bei, stärkt die Bindung zu Ihrem MANN und bringt mehr Ruhe und Gelassenheit in Ihr Leben.

7. **Ausstrahlung.** Ihr Wissen, dass Sie eine tolle Liebhaberin sind, lässt Sie von innen heraus leuchten!

8. Sie verstehen Ihren MANN viel besser.

9. Sie werden viel mehr gemeinsam machen.

Was Sie noch von genialem Sex haben: *Notieren Sie.*

_____

_____

_____

_____

_____

_____

_____

_____

_____

> ***Power-Spruch***
> *Kein Sex mit Ihrem MANN ist wie ein Auto ohne Räder. Sie kommen beide nirgendwo an!*

Top Secret: Was Deine Mama Dir nie über Männer erzählt hat™

FEHLER, DIE SIE VERMEIDEN SOLLTEN

Sich wie seine Mutter benehmen und ihn wie ein Kind behandeln

Denken Sie nach. Hatten Sie jemals einen MANN, den Sie wie ein Baby behandelt haben, wenn er krank wurde? Oder haben Sie mit ihm geschimpft, wenn er nicht ans Handy gegangen ist? Ihn für vergesslich gehalten und ihn ständig an die Dinge erinnert, an die er selbst denken muss? Dann fühlt er sich wie ein Kind, und Sie verhalten sich wie seine Mutter. Das Schlimmste ist, wenn Sie Aufgaben für ihn übernehmen, von denen Sie glauben, dass er sie alleine nicht hinbekommt. Was passiert, wenn Sie das tun? Ihr MANN wird sich bei Ihnen wie bei seiner Mutter fühlen und verhält sich wie Ihr Kind.

Das ist schon irgendwie ein witziges Thema. Haben Sie schon einmal so etwas gesagt wie:
„Ich habe Dich den ganzen Tag angerufen und Du bist nicht drangegangen. Wo warst Du?"
„Wo willst Du denn jetzt ohne Jacke hin? Weißt Du nicht, wie kalt es draußen ist?"
„Ruf mich an, wenn Du im Supermarkt bist, damit Du nichts vergisst."

Top Secret: Was Deine Mama Dir nie über Männer erzählt hat™

Er streicht gerade eine Wand und Sie sagen „So streicht man doch keine Wand!", und Sie nehmen den Pinsel und zeigen es ihm. Es gibt eine Menge andere Beispiele, wie Sie sich als seine „Mutter" aufführen können. Der schnellste Weg, herauszufinden, ob Sie gerade die „Mutter" spielen ist, wenn Sie ihm sagen „Du solltest Dich mehr wie ein MANN benehmen!" Wenn Sie das sagen oder nur denken, dann spielen Sie seine „Mutter". Tun sie das? *Machen Sie sich Notizen.*

_____

_____

_____

_____

> ***Power-Spruch***
> *Sehen Sie nie auf Ihren Mann herunter*
> *Außer er ist gerade zwischen Ihren Beinen!*

Sich in den MANN verlieben, der er sein könnte

Als Adam und Eva sich kennenlernten, dachte Adam,

Eva sei das schönste Mädchen, das er je gesehen hatte. Aber als Eva Adam erblickte, sah sie etwas Erstaunliches: Sie sah einen Partner fürs Leben, einen Hund namens Snoopy, zwei Kinder und ein Haus in Beverly Hills.
Ich sage nicht, dass Sie das tun. Aber denken Sie nach – tun sie das?

> ***Power-Spruch***
> *Wenn das Leben wie ein Rennen wäre:*
> *Wenn Du mir immer sagst, wie ich laufen soll*
> *Laufe ich eines Tages aus deinem Leben weg.*

Hier sind ein paar Hinweise dafür, dass sie das tun:
„Er braucht nur ein bisschen mehr Zeit, um sein Leben auf die Reihe zu kriegen."
Und das sagen Sie alle paar Monate.
„Wenn ich ihm zeige, dass ich ihn mehr als alle anderen liebe, wird er sich für mich ändern."
„Niemand sieht ihn so wie er wirklich ist – außer ich."
Wie ich schon vorher erwähnte und wie Sie im ganzen Buch feststellen werden, haben wir alle unsere eigenen Verhaltensmuster. „Es wird ziemlich schwer sein, dieses Muster zu durchbrechen." Denken Sie das gerade? In dem Augenblick, in dem Sie den Gedanken

säen „Es wird lange dauern" oder „Das ist unmöglich",
wird er Realität.

Ich weiß, was Sie wollen, denn ich kann Ihre Gedanken
lesen und ich sehe, wie Sie lächeln, während Sie das
hier lesen. Beim Lesen denken Sie „Und jetzt?" oder
„Wie kann ich das überwinden?"

Stellen Sie sich vor: Die Antwort ist schon in ihrem
Kopf, denn Sie haben sie selbst ins Leben gerufen.

Hier ist der „Mind Fuck": Wenn Sie sich ein Leben wie
im Märchen wünschen, müssen dieses Märchen dem
MANN, den Sie lieben, erzählen. Und wenn dieser
MANN zu viel Angst bekommt, wenn Sie ihm ihre
Träume mitteilen, müssen Sie sich zwei Fragen stellen:
„Ist er der Richtige für mich?" oder „Bin ich die
Richtige für Ihn?"
Machen Sie sich Notizen.

_____

_____

_____

_____

_____

Top Secret: Was Deine Mama Dir nie über Männer erzählt hat™

Schreiben Sie vier Dinge auf, die an Ihnen sexy sind!

1. _____
   _____
   _____

2. _____
   _____
   _____

3. _____
   _____
   _____

4. _____
   _____
   _____

Power-Spruch
"*Where Energy Flows, Victory Grows.*"

Sorgen über Ihr Aussehen

Wenn Sie sich beim Sex Sorgen machen, wie Sie gerade aussehen, hindert Sie das daran, Spaß zu haben und ruiniert Ihre Chancen auf einen, zwei, drei oder mehr Orgasmen.

Hören Sie auf, an Ihr Bauchfett oder die Größe Ihrer Brüste zu denken und konzentrieren Sie sich auf die Lust, die Sie beim Geschlechtsakt empfinden. Erlauben Sie sich, einen Orgasmus zu bekommen!

Ihr MANN möchte, dass Sie beim Sex locker und kreativ sind und sich gehen lassen. Das ist nicht sehr wahrscheinlich, wenn Sie sich gerade Sorgen um Ihr Aussehen machen. Die meiste Zeit bekommt Ihr MANN die Hälfte der Dinge sowieso nicht mit, über die Sie sich gerade aufregen. *Klingt wirklich schlimm, ist aber wahr!*

Ihr MANN findet Sie attraktiver, wenn Sie Gesundheit, Jugend und Fruchtbarkeit ausstrahlen. Statt sich über die Form Ihrer Taille oder Ihrer Hüften Gedanken zu machen, denken Sie an Ihre sexuelle Energie, an Ihre Begeisterung und wie sie eine noch stärkere Bindung zu ihm aufbauen können.

Top Secret: Was Deine Mama Dir nie über Männer erzählt hat™

> ***Power-Spruch***
> *Der größte Fehler ist, einer anderen Frau*
> *Die Möglichkeit zu geben, genialen Sex*
> *Mit Ihrem MANN zu haben.*

Tun Sie das? Sind Ihnen dazu Gedanken gekommen?
Machen Sie sich Notizen.

_____

_____

_____

_____

Nicht die Initiative beim Sex zu ergreifen

Viele meiner Klientinnen und die meisten Frauen, die ich kenne, machen sich Sorgen darüber, wie Sie sich als Frau im Bett angemessen verhalten sollen. „Klar", sage ich ihnen, „wir Männer machen auch eine Menge Fehler im Bett und ich selbst habe viele davon gemacht." Aber wie man so schön sagt „Es gehören immer zwei dazu."
Führende Sex- und Beziehungsexperten bestätigen, dass Frauen auch Ihre eigenen Fehler beim Sex

machen. Ich weiß, dass Sie nicht zu sehr rangehen wollen, aus Angst, sonst als zu aggressiv oder als Schlampe zu gelten.

> *Power-Spruch*
> *Der schlimmste Fehler ist,*
> *Sich nicht einzugestehen, dass man Fehler macht.*

Später in diesem Buch werden Sie feststellen, dass die meisten Männer sogar Fantasien darüber haben und es sich wünschen, dass die Frau im Bett die Initiative zum Sex ergreift.

Zeigen Sie Ihr Interesse, indem Sie von Zeit zu Zeit den ersten Schritt tun. Ihr MANN wird Ihnen höchstwahrscheinlich dankbar dafür sein und Sie kommen vielleicht zu einer höheren Stufe der Befriedigung, wenn Sie Verantwortung für Ihre eigenen sexuellen Erlebnisse übernehmen.

Ich bin fest überzeugt, dass Frauen dies tun sollten!

Was denken Sie jetzt?
Machen Sie sich Notizen.

_____

_____

Glauben, Ihr MANN will immer Sex

STOP! Ich weiß, Sie denken jetzt „Ja, ist klar…!", und Sie hätten Recht, wenn Sie mit einem Teenager verheiratet oder in einer Beziehung wären. Im Teenager-Alter sind Jungs wirklich „allzeit bereit", aber das trifft nicht immer auf Ihren MANN zu. Das kommt von den Belastungen des Alltags – Familie, Arbeit, Rechnungen, Geld… Ja, das kann die Libido Ihres MANNes schon mal zum Erliegen bringen. Das ist für viele meiner Klientinnen eine große Überraschung. Die meiste Zeit nehmen Sie den fehlenden Sexualtrieb Ihres MANNes persönlich. Eine Klientin sagte mir „Wenn er es nicht mit mir treibt, dann mit jemand anders". Sie war schockiert und konnte nicht glauben, dass er einfach nur nicht in der Stimmung für Sex war.

Sie wissen selbst, dass Sie nicht immer an Sex interessiert sind und trotzdem Ihren MANN immer noch lieben. Aber wenn Sie feststellen, dass er keinen

Sex möchte, nehmen Sie an „Wow, er liebt mich nicht mehr." Stimmt nicht. Er will nur gerade keinen Sex. Tun *Sie* das? *Machen Sie sich Notizen.*

_____

_____

_____

_____

> *Power-Spruch*
>
> *Ändern Sie Ihr Denken und das Ändert ihre sexuelle Energie.*

<u>Sauer werden, wenn er im Bett etwas Neues ausprobieren will</u>

Ich weiß aus meiner eigenen Erfahrung mit Frauen, dass dies zu 100% zutrifft. Nachdem ich einige Jahre mit meiner Ex-Frau zusammen war, sollte man meinen, es sei nur natürlich, mit etwas mehr Abwechslung neuen Schwung ins Sexleben zu bringen.

Nur weil Ihr MANN etwas Neues ausprobieren möchte, bedeutet das nicht, er sei unglücklich mit Ihnen oder mit dem gemeinsamen Sexleben. Kurz: *Nehmen Sie es nicht persönlich!*

Es ist wichtig für Sie, auch mal Ihre Komfortzone zu verlassen, um zu wachsen und Ihre sexuelle Energie weiter zu entwickeln. Niemand verlangt, dass Sie beim Sex etwas tun, wozu Sie nicht bereit sind.

> ***Power-Spruch***
> *Sex ist ein Meisterwerk,*
> *Geschaffen durch die Natur*
> *Und die Zeit, die wir uns dafür nehmen*

Wenn Ihr MANN Sie bittet, etwas auszuprobieren, das außerhalb Ihrer Moralvorstellungen liegt, machen Sie ihm klar, dass dies für Sie tabu ist und erklären Sie ihm, warum. Tun Sie dies natürlich so liebevoll wie möglich! Wenn es nicht wirklich eine Frage der Moral ist, Sie es aber es trotzdem nicht wollen (vielleicht aus Gründen persönlicher Überzeugung), erklären Sie ihm ebenfalls, warum.

Wenn es einfach nur unerwartet kommt, etwa wie „Schatz, ich habe im Gästezimmer einen Sex-Kerker eingerichtet und möchte Dich fesseln", ist Ihnen vielleicht erst mal nicht wohl bei der Sache. Trotzdem sollten Sie versuchen, nicht zu heftig zu reagieren. Sagen Sie ihm stattdessen, dass Sie Zeit brauchen, darüber nachzudenken. Welche Dinge außerhalb Ihrer Komfortzone wären Sie bereit auszuprobieren? Werden Sie kreativ!

Machen Sie sich Notizen.

_____

_____

_____

_____

Ihrem MANN nicht zu sagen, was Sie wollen

Sehr direkt über Sex zu sprechen, einschließlich darüber, was Sie mögen und was Sie nicht mögen, mag Ihnen unangenehm sein. Das gilt selbst für den MANN, mit dem Sie schon lange zusammen sind und dem Sie sich ansonsten nah fühlen. Aber das ist der einzige Weg, tollen Sex in einer Beziehung zu haben!

Sie müssen Verantwortung für Ihr sexuelles Beisammensein übernehmen.

Ihr MANN kann Sie nicht zum Orgasmus bringen, wenn Sie keine Verantwortung für Ihre sexuellen Erlebnisse übernehmen. Selbst die besten Liebhaber können nicht wissen, was Sie brauchen, wenn Sie es ihnen nicht sagen.

Power-Spruch

Ihr MANN möchte Ihnen gerne Lust bereiten!

Wenn Sie es ihm auf eine Art sagen, die nicht sein Ego killt, wird er sehr dankbar dafür sein. Versuchen Sie es mit der Sandwich-Technik und packen Sie eine Sache, die Sie nicht mögen, zwischen vier Dinge, die Sie mögen. Ob er's verstanden hat, werden Sie erst bei der nächsten Gelegenheit im Bett herausfinden.

Aber wir Männer hören schon zu; vor allem, wenn Sie sich deutlich ausdrücken! Möchten Sie ihm sagen, was Sie wollen?
Machen Sie sich Notizen.

Top Secret: Was Deine Mama Dir nie über Männer erzählt hat™

_____

_____

_____

_____

_____

_____

Eine Klientin fragte mich einmal:
„Cv, wie bekomme ich Mr. Right?"
Und meine Antwort an sie war:
„Wenn Sie Mr. Right bekommen wollen, müssen
Sie zuerst mal Mrs. Right werden."

Brauchen Sie Hilfe dabei, Ihren Mr. Right zu finden?
Rufen Sie mich an

Meine Handy-Nummer ist: +(44) 778899 5678

Power-Spruch

"*Treat Me Right And You Will See The Light,*
Treat Me Wrong And You Will Be Gone."

Top Secret: Was Deine Mama Dir nie über Männer erzählt hat™

Feedback an Sie selbst

1. Was war mein größtes Aha-Erlebnis bei der Lektüre dieses Abschnitts?

_____

_____

_____

2. Was werde ich konkret tun, nachdem ich diesen Abschnitt gelesen habe?

_____

_____

_____

3. Brauche ich dafür Unterstützung? Wenn ja, von wem?

_____

_____

_____

Power-Spruch
Das schlimmste Gefängnis ist die eigene vorgefasste Meinung!

Top Secret: Was Deine Mama Dir nie über Männer erzählt hat™

QUIZ ÜBER IHREN MANN

Dieses Quiz kann ein echter Augenöffner sein.

Sie werden lernen, wie Sie über Ihren MANN fühlen und wie Sie ihn verstehen.

Nehmen Sie Papier und Stift und notieren Sie Ihre Antworten:

1. Wird Ihr MANN mit 61 immer noch aufregend sein?
   a) Ich hoffe, ich finde das heraus
   b) Ich kann mir nicht vorstellen, mit einem Faltigen zu schlafen
   c) Paare haben dann keinen Sex mehr, oder?
   d) Wir werden das Feuer am Brennen halten
2. Können Sie mit Ihrem MANN über alles reden?
   a) Ja – und es braucht noch nicht mal Sinn zu machen
   b) Nein – manche Themen sind tabu.
   c) Zum richtigen Zeitpunkt
   d) Immer
3. Leckt Ihr MANN Sie an all den richtigen Stellen?

a) Ich bin froh, wenn ich geküsst werde
b) Sie würden viel Geld für die Zunge meines Liebhabers zahlen
c) Wenn ich darum bitte
d) Es ist meistens: „Ich lecke Deins, wenn Du meins leckst."

4. Probiert Ihr MANN jemals beim Sex neue Sachen aus?
   a) Ja – das hält unser Sexleben in Schwung
   b) Ja – ich frage mich, wo er die Ideen hernimmt
   c) Wir beide bringen neue Ideen ein.
   d) Nein – es ist immer das Gleiche.

5. Finden Sie Ihren MANN nach all der Zeit immer noch sexuell attraktiv?
   a) Die Flamme beginnt zu flackern
   b) Auf eine starke, reifere Weise
   c) Was früher körperliche Anziehung war, ist jetzt eher auf geistiger Ebene.
   d) Nicht morgens!

6. Zeigt Ihr MANN öffentlich seine Zuneigung?
   a) Das kommt ganz natürlich.
   b) Wir halten nur Händchen.
   c) Unsere Beziehung braucht das nicht.
   d) Am Beginn unserer Beziehung ja, aber jetzt nicht mehr.

Auswertung

(1) a = 3, b = 2, c = 1, d = 4
(2) a = 4, b = 1, c = 2, d = 3
(3) a = 1, b = 4, c = 3, d = 2
(4) a = 3, b = 2, c = 4, d = 1
(5) a = 1, b = 4, c = 3, d = 2
(6) a = 4, b = 3, c = 2, d = 1

19 – 24.
Wow! Ihr MANN ist der Traum jeder Frau!

13 – 18.
Es klappt gut mit Sex und Romantik. Bleiben Sie am Ball, und Sie werden die Früchte für immer ernten.

7 – 12.
Hört sich an, als würden in seiner Kondompackung bisher nur wenige Exemplare fehlen… Geben Sie ihn nicht auf, probieren Sie die Tipps aus diesem Buch und man weiß nie, was sich daraus entwickelt.

0 – 6.
Packen Sie Ihre Sachen und hauen Sie sofort ab! Bei fast 7 Milliarden Menschen auf diesem Planeten haben Sie beide etwas Besseres verdient.

Top Secret: Was Deine Mama Dir nie über Männer erzählt hat™

SPIELE, DIE IHR MANN GERNE SPIELEN WÜRDE

> *„Safer-Sex-Hinweis"*
>
> *Sexuell aktive Erwachsene müssen Verantwortung für ihre eigene Gesundheit übernehmen. Das bedeutet, sich über Methoden für geschützten Geschlechtsverkehr zu informieren und diese anzuwenden. Als Autor dieses Buches bin ich nicht verantwortlich dafür, dass Sie beim Ausprobieren der Sextechniken aus diesem Buch auf Ihre eigene Sicherheit und Gesundheit achten.*

Wenn Sie mit Ihrem MANN Sex-Spiele spielen, wird ihn das nicht nur glücklich machen, sondern es sorgt auch dafür, dass er Sie nicht verlassen will.

Denn wenn er zu Hause ein Steak haben kann, warum sollte er sich woanders Fast Food besorgen? Diese Metapher verwende ich bei meinen Klientinnen, um ihre Gefühle und Emotionen zu beschreiben, weil Essen eine wichtige Rolle spielt. Frauen sagen oft (und zitieren Sie mich hier nicht), „Männer haben keine Gefühle." Stimmt nicht, wir haben zum Beispiel ständig Hungergefühle. Also haben wir Gefühle!

Ich habe ein paar Spiele entwickelt, die Ihr Denken verändern sollen und von denen viele Sie aus Ihrer Komfortzone holen werden.

> ***Power-Spruch***
> *Niemand ärgert uns. Wir entscheiden uns,*
> *Mit Ärger zu reagieren.*

Angry Love

Ich wünschte, ich hätte dieses Spiel gehabt, als ich noch mit meiner Ex-Frau verheiratet war. Denn es hätte mir eine Möglichkeit gegeben, mich besser auszudrücken. Leute wie ich halten den Ärger so lange zurück, bis sie explodieren, wenn der sprichwörtliche Tropfen das Fass zum Überlaufen bringt. Aber wenn Sie jede Woche die Gelegenheit bekommen, Ihrem Ärger Luft zu machen, gehen Ihnen irgendwann vielleicht die Gründe aus, herumzunörgeln, sich zu ärgern oder sich bei Ihrem MANN zu beschweren. Nach ein paar Wochen machen Sie ihm vielleicht einfach nur noch Komplimente! Sie mögen jetzt denken „Wo ist denn der Spaß bei diesem Spiel?" Keine Angst – Ich wollte, dass es Spaß macht und das habe ich bei der Entwicklung des Spiels berücksichtigt.

Für dieses Spiel brauchen Sie ein paar Requisiten und es gibt nur eine einzige Regel. Fangen wir mit den Requisiten an: Eine Stoppuhr (die meisten Smartphones haben eine), eine Münze und zwei Würfel. Werfen Sie die Münze um zu bestimmen, wer anfängt. Würfeln Sie um festzulegen, wie lange Sie dran sind – zwischen zwei und zwölf Minuten.

Die Hauptregel ist: Nach der ersten Woche können Sie nur noch über die letzten 7 Tage reden! *Der Rest ist Geschichte.* Ich habe das bei den meisten meiner Klientinnen eingesetzt und sie hatten dabei verblüffende Erkenntnisse.

Ich bin dabei, eine App für dieses Spiel zu entwickeln, während ich dieses Buch schreibe. Vielleicht kommt sie heraus, bevor das Buch erscheint. Aber ich kann nichts versprechen...

Nun, der Zweck dieses Spiels ist, dass Sie sich von Ihren Gefühlen befreien. Das Ergebnis mag von Person zu Person unterschiedlich sein. Wenn Sie ein Hitzkopf sind und gerne streiten, wird dies Ihre Streitlust dämpfen. Wenn Sie das totale Gegenteil sind und das Gefühl haben, in Ihrer Beziehung kein Gehör zu finden, ist dies genau der richtige Zeitpunkt sich Gehör zu verschaffen und Ihrem MANN genau zu sagen, wie Sie sich fühlen. Ob es uns gefällt oder nicht, Frauen und Männer werden immer rumnörgeln und streiten. Aber wenn man dem einen festen Zeitrahmen gibt und dafür sorgt, dass es ein bisschen Spaß macht, wäre es dann nicht in Ordnung? Werden Sie dieses Spiel mit Ihrem MANN spielen?

Machen Sie sich Notizen.

_____

_____

_____

_____

Wahrheit oder Pflicht?

Wenn Sie dieses Spiel noch nie als Sex-Spiel gespielt haben, machen Sie sich auf eine Überraschung gefasst! Ob Sie Wahrheit oder Pflicht wählen, Sie werden auf jeden Fall einige neue und prickelnde Dinge über Ihren MANN erfahren – und umgekehrt. Alles, was Sie zu diesem Spiel benötigen ist eine blühende Fantasie und einen gesunden Appetit auf Sex.

Wenn es mal „hakt", fragen Sie nicht nur nach sexuellen Fantasien, sondern bringen Sie sie zum Leben! Als „Pflicht" verlangen Sie mal einen Striptease oder einen Lapdance, um noch mehr Fahrt in die Sache zu bringen. Legen Sie von Anfang an ein paar Regeln fest. Wenn Sie nicht über Ihre Ex-Partner reden wollen, sagen Sie das bitte ganz am Anfang. Sie möchten schließlich nicht, dass er eifersüchtig wird, nicht wahr? Oder auch Sie, wenn wir schon dabei sind… Dieses Spiel können Sie spielen, wenn Sie schon lange zusammen sind und mal Abwechslung in Ihren Trott bringen wollen. Statt zusammen auszugehen, können Sie Ihren gemeinsamen „Sex-Abend" veranstalten.

Power-Spruch
Wenn Sie etwas Neues wollen, Müssen Sie etwas Neues tun!

Ich empfehle, dass Sie Ihren „Sex-Abend" erst mal einmal pro Monat machen und sehen, ob Sie sich beide damit wohl fühlen.

Wenn es gut funktioniert, machen Sie Ihren „Sex-Abend" einfach öfter. Werden Sie sich selbst die

Erlaubnis geben, sich erregen zu lassen und mal was Neues auszuprobieren?

Machen Sie sich Notizen.

_____

_____

_____

_____

Sich Zeit für Sex nehmen

Ja, Sie haben Ihren Job oder Ihr Studium, Kinder, Eltern, Freunde, den Hund, den Haushalt und Urlaub gibt's ja auch noch… Wenn man so viele Dinge im Leben zu jonglieren hat, kann es schon mal schwierig werden, Zeit für Sex zu finden. Wenn Sie mit Ihrer Initiative für Sex warten, bis Sie mit Ihrem MANN im Bett sind, kann es gut sein, dass er keine Lust hat. Warum, fragen Sie? Ganz einfach: Ihr MANN liegt im Bett, weil er müde ist!

Sie können es morgens probieren, aber dann haben Sie das Risiko, danach zur Arbeit hetzen zu müssen. Oder Sie sind einfach kein Morgenmensch. Wenn Ihr MANN gerne nachts Sex hat und Sie lieber morgens, sollten Sie versuchen, eine Zeit zu finden, die für Sie beide gut funktioniert und es dann wirklich voll auskosten. Versuchen Sie es am Wochenende, nach der Arbeit (ja, vor dem Abendessen!), oder lange vor der Schlafenszeit. Sie können auch spontan sein und eine lange Mittagspause zusammen machen oder mal die Arbeit schwänzen...

> ***Power-Spruch***
> *Wenn Ihnen Ihr Sexleben wichtig ist Finden Sie einen Weg. Wenn nicht, Finden Sie eine Ausrede.*

Viel Glück dabei, die richtige Zeit zu finden! Die meisten Menschen haben alle möglichen Ausreden, warum sie keine Zeit für Sex haben. Der Geschlechtsakt an sich dauert dabei gar nicht so lang, im Durchschnitt etwa 10 bis 16 Minuten. Aber das *Vorspiel* und das *Nachspiel* können eine Menge Zeit beanspruchen. Wenn Sie meinen, Sie haben keine Zeit für Sex, meinen Sie wahrscheinlich dass Sie keine Zeit haben, sich in eine romantische oder sexy Stimmung zu bringen.
Deshalb ist hier ein Spiel, dass Sie spielen können – ganz gleich, ob Sie nur mal kurz einen Quickie

einschieben wollen oder sich Zeit für das Liebesspiel mit Ihrem MANN nehmen wollen. Nehmen Sie zwei Tüten, schreiben Sie die 7 Wochentage auf 7 Zettel und stecken Sie diese in die erste Tüte. Schreiben Sie auf 4 weitere Zettel 4 Zeiträume von je einer Stunde, zu denen Sie sich beide freimachen können und stecken Sie sie in die zweite Tüte. *„Denken Sie daran, wir meinen freimachen!"* Nun ziehen Sie einen Zettel aus jeder Tüte, und Sie beide müssen tun was immer nötig ist, um an diesem Tag und zu dieser Uhrzeit frei zu haben: Besorgen Sie einen Babysitter, lassen Sie die Kinder bei Freunden, und wenn alle Stricke reißen… haben Sie Sex im Auto oder nehmen Sie sich ein Hotelzimmer, wenn Sie nicht schon zusammen wohnen.
Machen Sie sich Notizen.

_____

_____

_____

_____

Power-Spruch
*Niemand kann Sie gewinnen lassen
Außer Sie selbst!*

Nur zwischen Ihnen beiden

Nutzen Sie die Liste weiter unten, um Ihre sechs wichtigsten Werte für Sex zu finden. Nicht alle diese Worte werden wichtig für Sie sein, aber betrachten Sie sie alle als Werte. Wählen Sie sechs aus, sortieren Sie sie nach Wichtigkeit (1 für den wichtigsten, 6 für den am wenigsten wichtigen) und sagen Sie Ihrem MANN, warum Sie diese Werte ausgewählt haben. Dann darf er seine sechs Werte aussuchen und nach Wichtigkeit sortieren, und er sagt Ihnen ebenfalls, warum er sie gewählt hat.

Die Worte und Sätze weiter unten haben bei meinen Klientinnen (und Klienten) schon verblüffende Resultate erzielt. Es können positive Werte sein oder das, was Sie vermeiden wollen – oder beides! Sie können hierfür ins Schlafzimmer gehen, was ziemlich aufregend sein kann, oder sich lieber auf dem Sofa unterhalten. Aber Sie sollten beide im gleichen Raum sein und nicht etwa telefonieren.

Ich habe dieses Buch für Sie geschrieben, aber es sollte sowohl Männern als auch Frauen helfen.

Top Secret: Was Deine Mama Dir nie über Männer erzählt hat™

Erregung	Romantik	Lästig
Risiko	Deprimierend	Entspannend
Peinlich	Freiheit	Angespannt
Erotik	Eklig	Ärgerlich
Wild sein	Animalisch	Geheimnisvoll
Behaglich	Unter Druck	Aufregend
Langweilig	Hunger	Sinnlich
Intensiv	Vereinigung	Gemeinsam
Schmutzig	Freundlich	Schlucken
Intimität	Ekstase	Großzügig
Liebe	Unkontrolliert	Dringend
Mystisch	Sexspielzeug	Primitiv
Jungfräulichkeit	Unvergesslich	Befriedigung
Albern	Bedrohlich	Emotional
Ausnutzen	Meisterschaft	Kraftvoll
Schmerz	Leidenschaft	Fantasie
Anstrengend	Sanft	Kondome
Befriedigend	Beängstigend	Vorspiel
Energetisch	Größe	Vertrauen
Begehren	Geschmack	Geruch
Dessous	Schönheit	Herausforderung
Sexy sein	Flirten	Ehrlichkeit
Ehe	Eifersucht	Multiple Orgasmen

"Das Handbuch für genialen SEX"

Top Secret: Was Deine Mama Dir nie über Männer erzählt hat™

Zuerst Sie:

1. _____
2. _____
3. _____
4. _____
5. _____
6. _____

Jetzt Ihr MANN:

1. _____
2. _____
3. _____
4. _____
5. _____
6. _____

Power-Spruch
"Sharing Is The New Sexy."

"Das Handbuch für genialen SEX"

Die Kama-Sutra-Spiele

Das Kama Sutra ist die Bibel der Positionen beim Geschlechtsakt. Es stammt ursprünglich aus Indien und war in Sanskrit geschrieben. Historiker schätzen, dass es zuerst zwischen 400 und 200 v. Chr. erschienen ist! Ursprünglich war es nicht nur ein Handbuch der Sex-Positionen, sondern für das Leben als Ganzes. Aber wenn es Ihnen um die Sex-Positionen geht, sind Sie hier genau richtig! Das Kama Sutra enthält sehr detaillierte Anweisungen für verschiedene Positionen im Geschlechtsverkehr.

Ich bin selbst Inder, und das bedeutet, dass meine Ahnen dies geschaffen haben! Ich werden Ihnen jetzt ein paar unterhaltsame Spiele vorstellen, die Sie mit Ihrem MANN spielen können. Das Kama Sutra beschreibt sowohl die Einstellung von Achtsamkeit und Aufgeschlossenheit, mit der Sie Sex angehen sollten als auch den Katalog der Positionen – einige davon sind ziemlich erotisch! Wenn Sie das Kama Sutra für sich entdecken, wird Ihnen das eine ganz neue Freiheit und Leichtigkeit in Ihr Liebesspiel bringen.
Es gibt eine Reihe von Übersetzungen in guten Buchhandlungen und im Internet zu kaufen.

Top Secret: Was Deine Mama Dir nie über Männer erzählt hat™

> **Power-Spruch**
> *Das größte Geschenk, dass Sie Ihrem Liebesleben machen können, ist:* Aufmerksamkeit

Sie brauchen für diese Spiele ein Exemplar des Kama-Sutra-Buches.
Machen Sie sich Notizen.

1. Kama-Sutra-Würfelspiel (Sie brauchen zwei Würfel). Der beste von drei Würfen gewinnt, und der Gewinner darf sich eine Position aussuchen.

_____

_____

_____

2. Erstellen Sie Ihr eigenes Kama-Sutra-Fotoalbum mit nummerierten Fotos. Denken Sie sich eine Zahl aus, oder zeigen Sie mit geschlossenen Augen auf eine Seite, um die Position zu finden, die Sie gemeinsam üben wollen.

_____

_____

_____

3. Nehmen Sie einen Würfel und sechs Fotos Ihrer Lieblings-Kama-Sutra-Positionen. Nummerieren Sie die Fotos von eins bis sechs. Würfeln Sie und verbringen Sie 4 Minuten in dieser Position, bevor Sie weitermachen und erneut würfeln.

_____

_____

_____

4. Besorgen Sie sich ein Kama-Sutra-Kartenspiel (im Internet oder in Sex-Shops). Spielen Sie „Mau Mau" (oder was Sie sonst gerne spielen). Wer gewinnt, darf sich seine Lieblingsposition aussuchen.

_____

_____

_____

Power-Spruch
"*Kama Sutra Is When Fate Fucks You In All Sorts Of Creative Sexual Ways.*"

Top Secret: Was Deine Mama Dir nie über Männer erzählt hat™

Feedback an Sie selbst

1. Was war mein größtes Aha-Erlebnis bei der Lektüre dieses Abschnitts?

_____

_____

_____

2. Was werde ich konkret tun, nachdem ich diesen Abschnitt gelesen habe?

_____

_____

_____

3. Brauche ich dafür Unterstützung? Wenn ja, von wem?

_____

_____

_____

> ### *Power-Spruch*
> *Das schlimmste Gefängnis ist die eigene vorgefasste Meinung!*

Wie dieses Buch zu verstehen ist

Ich habe diesen Teil nochmal eingefügt, weil einige meiner Leser meinten, es sei sinnvoll, an dieser Stelle noch einmal erinnert zu werden:

Dieses Buch ist kein Roman, und Sie sollten auch nicht versuchen, es wie einen Roman zu lesen. Dieses Buch ist ein Handbuch, das Ihnen eine Reihe von Ideen vermitteln wird, wie Sie Ihre Paarbeziehung sexuell bereichern können. Wie jedes Handbuch sollten Sie es wieder und wieder lesen. In unserer heutigen schnelllebigen Zeit ist es entscheidend, dass wichtige Informationen weit verbreitet werden, damit wir merken, was uns wirklich wichtig ist.

Es gibt keinen falschen Weg, dieses Buch zu lesen. Ich bin fest überzeugt, dass diese Gedanken und Ideen helfen können, Ihr Sexualleben zu bereichern. Der einzige Weg, wie Ihnen dieses Buch nicht helfen wird, ist indem Sie es nicht zu Ende lesen!

P.S. Wenn Sie die Worte „*Machen Sie sich Notizen*" sehen – machen Sie sich Notizen! Das wird Ihre Gedanken in Fluss bringen. Sie werden merken, wie sich Ihr Denken verändert. Ich habe dieses Buch geschrieben, damit Sie die Übungen in diesem Buch aufgreifen und in die Praxis umsetzen – um das zu bekommen, was Sie sich wünschen: „Genialen Sex".

Top Secret: Was Deine Mama Dir nie über Männer erzählt hat™

KINDERSPIELE MIT IHREM MANN

Mit Ihrem MANN Spaß zu haben ist vielleicht genau das, was der Sex-Coach empfiehlt! Das Spielerische hilft Ihnen, Ihre Bindung zu ihm auf eine Art zu vertiefen, die sehr viel Spaß macht. Sie brauchen nicht all diese Spiele zu spielen. Aber Sie werden sehen: Je mehr sie spielen, desto mehr wird sich Ihr MANN Ihnen öffnen.

Wenn Sie ein Wettspiel daraus machen, bringt es noch mehr Spaß und Ihr MANN wird vollen Einsatz zeigen, um zu gewinnen. Und der Gewinner bekommt...? (Machen Sie zwei Preise, einen für ihn und einen für Sie.) Versuchen Sie immer, die Gewinne gleich zu halten. Machen Sie es nicht zu kostspielig für den anderen, schließlich lieben sie ihn ja. Und jetzt lassen Sie uns Spaß haben...

Power-Spruch
Wenn Sie genialen Sex wollen,
Muss die Reise bei Ihnen selbst beginnen.

Machen Sie sich Notizen.

1. Spielen Sie „Zoo" und schlüpfen Sie in die Rolle eines Tieres. Haben Sie Sex als dieses Tier. Seien Sie so wild, biegsam oder glitschig wie Sie nur wollen!

_____

_____

_____

_____

_____

2. Machen Sie einen Dreibeinlauf: Binden Sie Ihr rechtes und sein linkes Bein (oder umgekehrt) zusammen und versuchen Sie nun, Sex zu haben!

_____

_____

_____

_____

_____

3. Spielen Sie Flaschendrehen. Die Person, auf die die Flasche zeigt, bekommt von der anderen jeden beliebigen sexuellen Wunsch erfüllt.

Top Secret: Was Deine Mama Dir nie über Männer erzählt hat™

_____

_____

_____

_____

4. „When the Music stops": Tanzen Sie, bis die Musik ausgeht. Wer sich als letzter noch bewegt, zieht entweder ein Kleidungsstück aus (die Striptease-Variante) oder erfüllt dem anderen einen sexuellen Wunsch.

_____

_____

_____

_____

5. Spielen Sie nackt „Twister". Falls Sie das Spiel nicht kennen, googeln Sie es!

_____

_____

6. Strip-Kniffel: Würfeln Sie abwechselnd mit zwei Würfeln. Die Person mit der niedrigeren Zahl muss möglichst verführerisch ein Kleidungsstück ausziehen.

7. Spielen Sie Strip-Poker. Wer die Runde gewinnen, darf dem anderen sagen, welches Kleidungsstück er ausziehen soll.

> **Power-Spruch**
> *Nichts kann Sie stoppen,*
> *Wenn Sie sich wieder wie ein Kind fühlen!*

8. Spielen Sie nackt „Statuen" und schauen Sie, wer länger still halten kann!

___

9. Stellen Sie sich nackt gegenüber. Werden Sie Spiegelbilder und imitieren Sie die Bewegungen des anderen.

___

> **Power-Spruch**
> *Sie sind zu 100% selbst verantwortlich für*
> *Ihre Sexuelle Energie!*

Top Secret: Was Deine Mama Dir nie über Männer erzählt hat™

Feedback an Sie selbst

1. Was war mein größtes Aha-Erlebnis bei der Lektüre dieses Abschnitts?

_____

_____

_____

2. Was werde ich konkret tun, nachdem ich diesen Abschnitt gelesen habe?

_____

_____

_____

3. Brauche ich dafür Unterstützung? Wenn ja, von wem?

_____

_____

_____

> *Power-Spruch*
> *Das schlimmste Gefängnis ist die eigene vorgefasste Meinung!*

Top Secret: Was Deine Mama Dir nie über Männer erzählt hat™

DESIGNER-SEX MIT IHREM MANN

Wie die Überschrift sagt, ist dies der Moment, in dem Sie etwas Neues mit Ihrem MANN kreieren. Dies wird Sie von all den anderen Frauen abheben, die einfach nur total langweilig im Bett sind.

Sie fragen sich, wie Sie das hinbekommen?

Indem Sie dieses Buch ein paarmal lesen und miteinander durcharbeiten! So werden Sie herausfinden, was für Sie beide am besten passt. Hier sind ein paar Sex-Übungen, die Sie schneller dort hinbringen. Viel Spaß!
Machen Sie sich Notizen.

Power-Spruch
Ihr Sexleben wird nie wieder dasselbe sein!

---

1. Kreieren Sie eine neue Sex-Technik oder eine neue Position, die Sie noch nie vorher zusammen gemacht haben und benennen Sie sie nach Ihnen beiden!

_____

_____

_____

2. Erfinden Sie eine Technik oder eine Geschichte oder organisieren Sie einen erotischen Abend, um Ihren MANN zum Orgasmus zu bringen, ohne ihn zu berühren.

3. Machen Sie eine Liste von sexy Ideen und flüstern Sie sie Ihrem MANN ins Ohr. Bitten Sie Ihren MANN, diese Ideen auf einer Skala von eins bis zehn zu bewerten.

Top Secret: Was Deine Mama Dir nie über Männer erzählt hat™

4. Recherchieren Sie mit Ihrem MANN die Sexualtechniken verschiedener Kulturen und probieren Sie mit ihm aus.

_____

_____

_____

_____

_____

5. Stellen Sie sich vor, ein beliebiger Körperteil Ihres MANNes sei ein warmer Pfirsich oder eine saftige Mango. Lassen Sie sich Zeit und verschlingen Sie ihn ganz und gar!

_____

_____

_____

_____

_____

Power-Spruch
"*I Don't Do Sexy. I Am Sexy.*"

Top Secret: Was Deine Mama Dir nie über Männer erzählt hat™

Feedback an Sie selbst

1. Was war mein größtes Aha-Erlebnis bei der Lektüre dieses Abschnitts?

_____

_____

_____

2. Was werde ich konkret tun, nachdem ich diesen Abschnitt gelesen habe?

_____

_____

_____

3. Brauche ich dafür Unterstützung? Wenn ja, von wem?

_____

_____

_____

> *Power-Spruch*
> *Das schlimmste Gefängnis ist die eigene vorgefasste Meinung!*

Top Secret: Was Deine Mama Dir nie über Männer erzählt hat™

Ein bisschen Werbung

Sie brauchen das hier nicht zu lesen. Hier ist gerade eine leere Seite übrig und ich dachte, es sei eine gute Idee, hier einmal schamlos für die Dinge Werbung zu machen, die ich tue – nur für den Fall, dass es Sie interessiert.

Ich biete Trainings in verschiedenen Formen an:
Intervention mit dem SuccSex Coach™
Das Mind Fuck Bootcamp™ (2-3 Tage)
Dinner mit dem SuccSex Coach™
CSI - Cv's Sex Investigation™ (Fernseh-/Radiosendung)
Junggesellinnenabschied mit dem SuccSex Coach™
Come Sex With Me™ (Wochenend-Kurzurlaub)
Love Sex Angel™
(Sex-Programme im Internet... kommt bald)

Dann und wann spreche ich auf Konferenzen oder Firmenveranstaltungen, entweder über Themen aus diesem Buch oder über „seltsame Dinge", z. B. wie Sie Ihr Bewusstsein so einsetzen können, dass Sie die unmöglichsten Ergebnisse erzielen. Wenn Sie mehr Informationen möchten, rufen Sie einfach an. Mobil-Nummer: +(44) 778899 5678
Ich liebe es, die Welt zu bereisen, und bin gerne bereit, überall zu arbeiten und Vorträge zu halten (wenn ich ein Arbeitsvisum bekomme). Ich bin wahnsinnig teuer, wie Sie sich vielleicht vorstellen können.
Aber versuchen Sie, Qualität und Wert zu sehen und nicht den Preis!

Top Secret: Was Deine Mama Dir nie über Männer erzählt hat™

BLOWJOB-TECHNIKEN
(WARNUNG: NICHTS FÜR SCHWACHE HÄLSE...)

Das Glied Ihres MANNes ist wirklich der Schlüssel zu seiner Seele. Im Gegensatz zu Ihrer Sexualität, die den ganzen Körper umfasst und ebenso emotional wie physisch ist, liegt das Zentrum der Sexualität Ihres MANNes in diesem einen physischen Organ. Wenn Sie es lieben, berühren, in den Mund oder sonstige Teile Ihres Körpers stecken, wird ihm das nicht nur körperliche Lust bereiten. Es wird auch die emotionale Bindung zwischen Ihnen beiden vertiefen.

Ihr MANN wird immer „Ja" sagen, wenn Sie einen Freiwilligen zum Üben brauchen!

> *Power-Spruch*
> *Denken Sie immer daran, meine Damen:*
> *Blowjobs sind wie Blumen für Ihren MANN*

Wenn Sie das tun, empfehle ich, vorher zu duschen oder zu baden, weil Sie beide sich dann gut fühlen werden. Nach ein paar Wochen können Sie ihn fragen, ob Sie seinen Penis vorher mit Wasser und Seife waschen können. Achten Sie auf seine Augen und wie sich sein Körper bewegt, wenn Sie sein bestes Stück waschen.

Deep Throat

Zu allererst, meine Damen, müssen Sie die Deep-Throat-Technik lernen. Ich weiß, dass das am Anfang ziemlich bedrohlich wirken kann, vor allem, wenn Sie es mit jemandem von großer Statur zu tun haben. Aber mit Übung können Sie lernen, so ziemlich den gesamten Penisschaft der meisten Männer tief in Ihren Hals zu nehmen.

Fangen Sie klein an! Damit meine ich nicht die Penisgröße, sondern arbeiten Sie sich langsam zentimeterweise vor, immer tiefer, bis sie schließlich das ganze Ding reinnehmen können. Das wird nicht an einem Tag passieren, denn Sie müssen Ihren Würgereflex abtrainieren.

Falls Sie Bulimie haben, vergessen sie Deep Throat. Denn dann haben Sie bereits Ihren Würgereflex in die entgegengesetzte Richtung trainiert – also viel Glück dabei, das wieder loszuwerden! Und wenn Sie den ganzen Penis im Mund haben, braucht er nicht ewig dort zu bleiben. Gehen Sie zurück nach oben und spielen Sie herum, bis Sie wieder bereit sind, nach unten zu gehen. Experimentieren Sie und finden Sie Ihren eigenen Stil.

Nehmen Sie alles!

Viele Frauen haben Angst vor den Hoden. Warum bloß? Ich habe keine Ahnung. Der Hodenbereich Ihres MANNes ist sehr erogen, und wenn Sie ihn dort nicht berühren wollen, wird er enttäuscht sein. Wenn Sie Angst vor Geruch oder Schmutz haben, bitten Sie Ihren MANN, vorher zu duschen. Besser noch, duschen Sie zusammen! Denn das kann für Sie Wunder bewirken, wenn Sie sich bei diesen Praktiken unwohl fühlen. Sobald Sie wissen, dass er schön sauber ist, lecken Sie ihn ganz ab und nehmen Sie schließlich seine Hoden in Mund, einen nach dem anderen, aber ganz sanft. Ihr MANN ist hochsensibel in diesem Bereich. Deshalb müssen Sie beide gut miteinander kommunizieren, um jede unerwünschte Stimulation zu vermeiden. Lecken Sie ihn auch genau unterhalb der Hoden – der G-Punkt liegt genau an dieser Stelle unter der Haut. Wenn Sie mit Ihrer Zunge leichten Druck auf diesen Bereich ausüben, wird dies seinen G-Punkt sanft stimulieren.

Manche Leute mögen das, was ich Ihnen jetzt sagen werde, und andere nicht. Je nach MANN können Sie sich dem Anus widmen. Das sollten Sie jedoch nicht tun, ohne es vorher mit ihm besprochen zu haben – vor allem, wenn Sie ihn noch nicht so genau kennen. Und wenn er es mag, probieren Sie es aus! Eine Dusche vorher ist eine gute Idee.

Das richtige Timing

Ich weiß, die Überschrift klingt ein bisschen langweilig. Aber das Timing kann wirklich über Erfolg oder Misserfolg Ihres Blowjobs entscheiden. Nun weiß ich, dass die meisten von Ihnen schon masturbiert haben. Also stellen Sie sich vor, wie es sich anfühlt, wenn Sie es sich mal eben kurz besorgen, bevor Sie zu einer Veranstaltung gehen, oder in einer öffentlichen Toilette vor einem Vorstellungsgespräch. Und nun stellen Sie sich vor, sie sind sonntags allein zu Hause und sehen gerade etwas Erotisches im Fernsehen. Sie spielen ein bisschen an sich herum, aus Gewohnheit, bevor Sie unten zur Sache gehen. Sie lassen sich nicht sofort zum Orgasmus kommen, sondern bringen sich fast zum Höhepunkt, dann lassen Sie wieder nach und das wiederholen Sie ein paarmal, bis Sie explodieren.

So funktioniert auch ein guter Blowjob. Sie können nicht einfach den Penis in den Mund nehmen und heftig loslegen, als ob das Ganze in vier Sekunden erledigt wäre. Sie müssen ihn erst mal eine Weile heiß machen. Streicheln Sie ihn mit Ihren Händen, Ihren Armen, Ihrem Körper und langsam, ganz langsam strecken Sie Ihre Zunge heraus und lecken Sie ihn ein wenig. Lehnen Sie sich zurück, schauen Sie sich sein Glied an, warten eine Sekunde und tun es nochmal. Zu diesem Zeitpunkt kann er es kaum noch erwarten, dass Sie das angeschwollene Ding endlich in den Mund stecken. Es steht kurz vorm Explodieren! Aber Sie ärgern ihn noch ein bisschen und halten ihn hin. Erst wenn Sie entscheiden, dass der Zeitpunkt gekommen ist, geben Sie ihm, was er will. Je länger Sie durchhalten, bis Sie ihn in den Mund nehmen, desto besser wird sein Orgasmus sein.

Koordination von Hand und Mund

Hier ist noch eine Sache, die mit der Übung kommt: Die Bewegung Ihrer Hände und Ihres Mundes zu koordinieren erfordert einige Geschicklichkeit. Reden wir erst mal nur über die Hände. Sie haben zwei – aus gutem Grund! Eine meiner Klientinnen nimmt gerne die eine Hand für die Hoden und die andere für den

Penisschaft. Die Hand an den Hoden sollte wirklich sehr sanft sein und sie nie hart anpacken, oder das war das letzte Mal, dass Sie das getan haben. Meine Klientin streichelt sie sanft mit der Ober- und Unterseite ihrer Hand, indem sie die Hand auf und ab dreht. Nachdem Sie das eine Weile getan hat, umschließt sie die Hoden mit der Hand, aber ohne sie jemals komplett zur Ruhe kommen zu lassen. Die Hand muss sich immer sanft bewegen, damit die Hoden konstant stimuliert werden. Die andere Hand arbeitet derweil mit der Auf- und Ab-Bewegung des Kopfes. Das Timing muss auch hier stimmen, denn wenn Sie sich ständig mit der Hand ins Gesicht knallen, wird das nicht funktionieren. Meine Klientin lässt manchmal mit ihrem Kopf von seinem Penisschaft ab und lässt ihre Hand für eine Weile die Bewegung übernehmen.

Damit bekommt Ihr Mund eine Pause, vor allem wenn Sie „deep-throaten", und Ihre Hand kann Bewegungen ausführen, die Ihr Mund nicht kann, wie z. B. eine schnelle Auf- und Ab-Bewegung. Wenn Sie es schaffen, diese drei Dinge zu koordinieren, wird Ihr MANN große Stücke auf Sie halten. *Glauben Sie mir!*

Spucken oder Schlucken?

Das ist immer ein heißes Thema. Es gibt immer ein paar vorlaute Menschen, die versuchen, alle Mädels zum Schlucken zu bewegen. Die meisten Kerle wollen einfach nur in Ihrem Mund kommen. Das bedeutet nicht, dass Sie schlucken müssen. Wenn Sie den Geschmack von Sperma mögen und es nicht zu eklig finden, dann schlucken Sie auf jeden Fall! Wenn nicht, dann spucken Sie es eben aus. Das passiert nach dem eigentlichen Akt, und im Allgemeinen ist das den Kerlen egal.

Behalten Sie nur seinen Penis auf jeden Fall so lange im Mund, dass er Zeit hat, vollständig zu kommen. Wenn er raus muss, bevor er zu Ende ejakuliert hat, kann ihn das ziemlich aus der Fassung bringen.

> *Power-Spruch*
> *"Spitters Are Quitters."*

Hier ist etwas, was ich beim Schreiben dieses Buches herausgefunden habe. Lesen Sie es mal ganz wertfrei durch, denn es könnte Ihnen mehr helfen, als Sie glauben:

Top Secret: Was Deine Mama Dir nie über Männer erzählt hat™

Bei antiken indischen und griechischen Ritualen spritzten sich Frauen männliches Sperma ins Gesicht, auf ihre Brüste und ihr Haar. Biochemiker halten dies für durchaus sinnvoll, da Sperma viel Vitamin C, Kalzium, Proteine und andere Nährstoffe enthält und außerdem antibiotisch wirkt. Die Poren der Gesichtshaut ziehen sich zusammen, so dass sie sich glatt und sauber anfühlt. Dieses Ritual hilft einer Frau, Ihre Jugend zurück zu erhalten und männliche Energie aufzunehmen. Das wiederum ist wichtig für ihr maskulin-feminines Gleichgewicht. Ein weiteres interessantes Forschungsergebnis: Wenn eine Frau Oralsex macht, wird ein Hormon in ihrem Körper freigesetzt, das Fett verbrennt.

Machen Sie sich Notizen.

_____

_____

_____

_____

_____

_____

Top Secret: Was Deine Mama Dir nie über Männer erzählt hat™

Feedback an Sie selbst

1. Was war mein größtes Aha-Erlebnis bei der Lektüre dieses Abschnitts?

_____

_____

_____

2. Was werde ich konkret tun, nachdem ich diesen Abschnitt gelesen habe?

_____

_____

_____

3. Brauche ich dafür Unterstützung? Wenn ja, von wem?

_____

_____

_____

> *Power-Spruch*
> *Das schlimmste Gefängnis ist die eigene vorgefasste Meinung!*

Top Secret: Was Deine Mama Dir nie über Männer erzählt hat™

BODY TALK: KÖRPER – SAG, WAS DU WILLST!

Stellen Sie sich vor, Ihre verschiedenen Körperteile könnten reden und sagen, was sie möchten, in welcher Stimmung sie gerade sind oder was ihnen gefällt oder nicht gefällt. Was würden Sie sagen?

1. Wenn Ihre Vagina reden könnte, was würde sie sagen? Wie geht es Ihr gerade?

_____

_____

_____

_____

2. Wenn sein Penis reden könnte, wo wäre er jetzt gerne?

_____

_____

_____

_____

3. Wenn Ihre Brüste reden könnten, was würden sie sich wünschen?

Top Secret: Was Deine Mama Dir nie über Männer erzählt hat™

_____

_____

_____

_____

4. Wenn Ihre Hände reden könnten, was würden Sie sagen und was würden sie gerne tun?

_____

_____

_____

_____

5. Gibt es noch andere Körperteile, die noch nicht zu Ihrem Recht gekommen sind und die gerne Ihre/seine Aufmerksamkeit hätten?

_____

_____

_____

_____

Möchten Sie, dass ich Ihnen helfe, die Blockaden in Ihrem Körper mittels Ihrer Gedanken aufzulösen?
Rufen Sie mich an, und lassen Sie uns reden!

Meine Nummer ist: +(44) 778899 5678

Seite 79
"Das Handbuch für genialen SEX"

Feedback an Sie selbst

1. Was war mein größtes Aha-Erlebnis bei der Lektüre dieses Abschnitts?

_____

_____

_____

2. Was werde ich konkret tun, nachdem ich diesen Abschnitt gelesen habe?

_____

_____

_____

3. Brauche ich dafür Unterstützung? Wenn ja, von wem?

_____

_____

_____

Power-Spruch
Das schlimmste Gefängnis ist die eigene vorgefasste Meinung!

WOLLEN SIE IHREN MANN FESSELN?

Das Buch „Fifty Shades Of Grey" ist ein Weltbestseller und jetzt auch als Film erschienen. Manche Paare finden es vielleicht bizarr, dass Fessel- und Dominanzspiele zu einer Liebesbeziehung gehören sollen. Doch für andere Paare ist es einfach eine Möglichkeit, auf harmlose, aber spannende Weise Gefühle zu erkunden, die sie im normalen Leben nicht haben können.

Die Idee ist, mit Rollenspielen Ihr Sexleben zu bereichern und mehr über sich und Ihren MANN zu erfahren. Damit es ganz klar ist: „Das ist kein Freibrief für Brutalität!" Der dominante Partner (oben) ist dafür verantwortlich, dass der unterworfene Partner (unten) wirklich Spaß hat und nicht verletzt wird.

Was hat der Dominante davon? Sie oder er kann alles tun, was er möchte, und kann von dem anderen alles verlangen, was er möchte. Was hat der Unterworfene davon? Sie oder er kann die Verantwortung für den Geschlechtsakt völlig abgeben und Aspekte der Sexualität ausloten, die sie (oder er) aus Schüchternheit oder Verlegenheit sonst nicht ausprobieren würde. Es kann auch sehr befreiend wirken, weil es den Leistungsdruck komplett wegnimmt. Bevor irgendjemand gefesselt wird, sollten Sie und Ihr MANN immer absprechen, was Sie genau machen werden und wie lange es dauern wird. Fesseln Sie niemanden gegen seinen (oder ihren) Willen! Verwenden Sie ungefährliche Fesseln, nehmen Sie nichts, was die Luft- oder Blutzufuhr abschneidet. Machen Sie keine Laufknoten, denn diese ziehen sich zu, wenn man daran zieht. Verwenden Sie bequeme Handschellen mit Pelz, man bekommt sie in Sexshops oder im Internet. Halten Sie den Handschellenschlüssel oder eine Schere bereit für den Fall, dass sie gebraucht werden.

Da der Schrei „Nein, nein!" zum Spiel gehören kann, einigen Sie sich auf ein sicheres Stopp-Wort, bevor Sie beginnen. Sie müssen immer sofort mit dem Spiel aufhören, wenn Sie dieses Wort hören. Ich rate meine Klientinnen, folgendes zu verwenden: „Grün", wenn es ihnen gut dabei geht, „Gelb", wenn es sie aus ihrer Komfortzone holt und der andere es langsam angehen lassen soll und „Rot" heißt, dass das Spiel sofort aufhören soll. Oder wenn Sie nicht reden können,

können sie non-verbale Signale vereinbaren, wie z. B. in die Hände klatschen oder mit den Fingern schnippen.

Lassen Sie niemals Ihren MANN allein, wenn Sie ihn gefesselt haben und bitten Sie auch darum, nicht allein gelassen zu werden, wenn Sie gefesselt sind. Versuchen Sie, dieses Spiel nicht zu spielen, wenn Sie unter dem Einfluss von zu viel Alkohol oder Drogen sind. Vermeiden Sie es, während des Spieles echten Ärger oder Aggression auszudrücken oder hervorzurufen.

Schauen Sie auf Seite 103 – 108, um einige Ideen zu bekommen, da ich keine Übung zweimal beschreiben möchte. Schreiben Sie hier auf, was Sie mit Ihrem MANN tun möchten.

Machen Sie sich Notizen.

_____

_____

_____

_____

_____

_____

Top Secret: Was Deine Mama Dir nie über Männer erzählt hat™

Feedback an Sie selbst

1. Was war mein größtes Aha-Erlebnis bei der Lektüre dieses Abschnitts?

_____

_____

_____

2. Was werde ich konkret tun, nachdem ich diesen Abschnitt gelesen habe?

_____

_____

_____

3. Brauche ich dafür Unterstützung? Wenn ja, von wem?

_____

_____

_____

Power-Spruch
Das schlimmste Gefängnis ist die eigene vorgefasste Meinung!

KÖSTLICHE SEX-SPEISEN FÜR SIE UND IHREN MANN

Damit Sie noch mehr Spaß mit Ihrem MANN bekommen, habe ich stundenlang recherchiert und diese Nahrungsmittel gefunden, die nicht nur köstlich sind, sondern Ihnen und Ihrem MANN zu noch besserem Sex verhelfen können:

Feigen – Die alten Griechen haben Orgien gefeiert, sobald die Feigen geerntet waren. Sie strotzen nicht nur von Vitaminen – wenn man sie in der Mitte durchschneidet, erinnert das reife, rötliche Fruchtfleisch an die weibliche Vagina.

Schokolade – Niemand kann die aphrodisierenden Eigenschaften von Schokolade anzweifeln! Denn sie ist reich an energiespendenden Stoffen und je dunkler, desto besser! Sie enthält auch Phenylethylamin und Anandamid, die einen euphorisierenden Effekt haben. Diese Stoffe lassen den Körper die gleichen Wohlfühl-Endorphine freisetzen wie Sex und körperliche Ertüchtigung. Kakao enthält auch Methylxanthine, die die Haut sensibel für jede Berührung machen.

Mandeln – Enthalten Zink, Selen und Vitamin E, die allesamt als wichtig für die sexuelle Gesundheit und die Fortpflanzung gelten. Selen kann bei Unfruchtbarkeitsproblemen helfen, und zusammen mit Vitamin E hilft es das Herz gesund zu halten. Zink ist ein Mineral, das zur Produktion der männlichen Sexualhormone gebraucht wird und den Sexualtrieb anheizen kann. Eine gute Durchblutung ist wichtig für Ihre Geschlechtsorgane. Nehmen Sie deshalb gute Fette zu sich, so wie die Omega-3-Fettsäuren, die u. a. in Mandeln enthalten sind.

Ingwer, Knoblauch und Zwiebeln – Wenn Sie wirklich Ihre Säfte zum Fließen bringen wollen, verwenden Sie reichlich Knoblauch, Lauch, Zwiebeln, Lauchzwiebeln und Schnittlauch. Auch unter dem Gattungsnamen Allium bekannt, wird Ihnen dieses Power-Gemüse das Durchhaltevermögen verleihen, das ihnen Pharmazeutika nur versprechen können. Es enthält chemische Verbindungen, die die Durchblutung des Genitalbereiches anregen. So kann es intensive Gefühle der Erregung hervorrufen, die Ihnen zu starkem, lang andauerndem Sex verhelfen. Schlechter Atem sollte kein Problem sein… und mit etwas Glück sind Sie so beschäftigt, dass Sie es sowieso nicht merken.

Artischocken – Die alten Römer glaubten, dass Artischocken nicht nur aphrodisierend wirkten, sondern auch zu ewigem Leben verhalfen. Mit dem ewigen Leben haben Sie sich leider getäuscht, aber mit dem Sex hatten sie Recht!

Avocados – Sie sind reich an Vitamin E, das antioxidierende Eigenschaften hat sowie Kalium und Vitamin B6, die Herzerkrankungen verhindern oder aufhalten können und für eine bessere Durchblutung sorgen. Sie sind außerdem eine gute Quelle für herzgesunde einfach ungesättigte Fettsäuren. Alles, was gut für Ihr Herz und Ihre Durchblutung ist, ist auch wichtig für ein gutes Sexleben. Männer mit Herzerkrankungen haben ein doppelt so hohes Risiko für Erektionsstörungen, weil beides durch Schäden an den Arterien verursacht wird.

Erdbeeren – Eine gute Durchblutung gilt als entscheidend für die sexuelle Funktionsfähigkeit bei Männern wie bei Frauen, und Erdbeeren sind reich an Antioxidantien, die gut für Ihr Herz und Ihre Arterien sind. Außerdem sind sie reich an Vitamin C, das zusammen mit den Antioxidantien in Verbindung mit einer höheren Spermazahl bei Männern gebracht wird. Tauchen Sie die Erdbeeren in dunkle Schokolade, die Methylxanthine enthält – das kann die Libido aktivieren.

Wassermelone – Diese beliebte Sommerfrucht hat wenig Kalorien, aber dafür viele Pflanzenstoffe, die die Libido anregen sollen. Neue Forschungsergebnisse

Top Secret: Was Deine Mama Dir nie über Männer erzählt hat™

weisen darauf hin, dass Lykopen, Zitrullin und Beta-Karotin, die in Wassermelonen enthalten sind, die Blutgefäße entspannen und auf natürliche Weise Ihren Sexualtrieb ankurbeln.

Sonnenblumen- und Kürbiskerne, Sesamsamen – Zink soll gut für die sexuelle Gesundheit sein. Es unterstützt die Testosteron- und Spermaproduktion des Mannes. Die Zink-Quelle Nummer eins sind Austern. Aber mal ehrlich – wie oft essen Sie Austern? Neue Studien zeigen, dass Zink für Frauen ebenfalls gut ist.

Blaubeeren – Vergessen Sie Viagra! Die blauen Potenzkapseln von Mutter Natur können wahrscheinlich sogar mehr für Sie tun. Blaubeeren sind reich an löslichen Fasern, die überschüssiges Cholesterin aus dem Blut entfernen, bevor es absorbiert und an den Arterienwänden abgelagert wird. Blaubeeren entspannen auch die Blutgefäße und verbessern die Durchblutung. *Für maximale Potenz und Leitungsfähigkeit essen Sie und Ihr MANN eine Portion Blaubeeren mindestens drei- bis viermal pro Woche.* Studien zeigen außerdem, dass dies das Sperma Ihres MANNes süßer macht.

Power-Spruch
Ich mache keine Diät, ich esse sexy!

Top Secret: Was Deine Mama Dir nie über Männer erzählt hat™

Feedback an Sie selbst

1. Was war mein größtes Aha-Erlebnis bei der Lektüre dieses Abschnitts?

_____

_____

_____

2. Was werde ich konkret tun, nachdem ich diesen Abschnitt gelesen habe?

_____

_____

_____

3. Brauche ich dafür Unterstützung? Wenn ja, von wem?

_____

_____

_____

> ***Power-Spruch***
> *Das schlimmste Gefängnis ist die eigene vorgefasste Meinung!*

Top Secret: Was Deine Mama Dir nie über Männer erzählt hat™

SEINE FANTASIEN VERSTEHEN

Ganz ehrlich – eigentlich wollte ich dieses Kapitel gar nicht ins Buch nehmen. Aber ich habe eine Menge Feedback von meinen Klientinnen und weiblichen Bekannten erhalten, dass sie gerne über die sexuellen Fantasien der Männer lesen würden. Sorry Jungs, aber vielleicht wird euch das in Zukunft sogar von Vorteil sein! Denn wenn Ihr Freund oder Ehemann eine sexuelle Fantasie hat, dann ist es diese.

> *Warnung:*
> *Es kann sein, dass Sie das nicht hören oder lesen wollen.*
> *Wollen Sie's wirklich wissen?*
> *Dann lesen Sie weiter.*

Die eine sexuelle Fantasie, die alle Männer haben, ist: andere Frauen! Das hat nichts damit zu tun, wie sehr wir Euch lieben, wie schön oder wie gut im Bett Ihr seid. Wir werden immer Fantasien über andere Frauen haben.

Das kann unsere Ex sein, die Schulkameradin, mit der wir damals gerne gegangen wären, unsere durchschnittlich aussehende Arbeitskollegin, die berühmte Filmschauspielerin oder das Mädchen im Supermarkt. Im Grunde beschäftigt uns wahrscheinlich jede halbwegs attraktive Frau, die wir jemals gesehen haben und an die wir uns noch erinnern.

Bevor Sie sich jetzt verunsichern lassen, sollten Sie verstehen: Sexuelle Fantasien sind eben genau das – nur Fantasien! Selbst wenn es uns Männern nie in den Sinn käme, Euch Frauen zu betrügen, werden wir trotzdem sexuelle Fantasien über andere Frauen haben. Das bedeutet nicht ernsthaft, dass wir mit anderen Frauen Sex haben wollen. Wir spielen nur gerne mit der Idee. Wahrscheinlich wird Ihr MANN mich dafür hassen, dass ich Ihnen das verrate, aber es ist die Wahrheit.

Hier sind ein paar weitere Fantasien, die ich für mich selbst und bei meiner Arbeit mit männlichen Klienten gefunden habe.

> ***Power-Spruch***
> *Wir haben sexuelle Fantasien über andere Frauen. Wir können nichts dafür.*
> *Es geschieht einfach!*

Wenn Sie Ihren MANN besser verstehen wollen, stellen Sie sich diese Frage: „Bin ich bereit, die folgenden Fantasien mit ihm auszuleben?"

Machen Sie sich Notizen.

Sexy Verkleidungen -

Verkleidet als Krankenschwester, Schulmädchen, Polizistin oder Stewardess – das sind nur einige der Verkleidungen, die Frauen in den sexuellen Fantasien vieler Männer tragen. Während die meisten Männer sich nicht so für Mode interessieren wie Frauen, bringt sie die richtige Kleidung ordentlich in Fahrt. Sie brauchen ihn nur zu fragen, und er wird es Ihnen gerne sagen. Haben Sie keine Angst, denn er wird sich freuen, wenn Sie fragen. Haben Sie so etwas schon mal getan oder sind Sie bereit, es zu tun?

_____

_____

_____

Liebesdreieck

Ein Liebesdreieck kann entweder ein „Dreier" oder eine richtige Dreiecks-Liebesbeziehung sein. Ein „Dreier" bezeichnet meistens eine zwanglose sexuelle Aktivität zwischen drei Menschen.
Ein Dreier ist eine weit verbreitete sexuelle Fantasie. Ja, es stimmt – die meisten Männer träumen davon, mit

mehreren Frauen gleichzeitig Sex zu haben. So ziemlich jeder heterosexuelle Mann wird sich das mehrfach oder sogar sehr häufig in seinem Leben vorstellen. Selbst wenn es in der Realität selten so gut wird, wie MANN es sich vorstellt – als sexuelle Fantasie ist es einfach unschlagbar! Haben Sie jemals solche Fantasien gehabt? Oder wären Sie bereit, das mit Ihrem MANN zu tun?

_____

_____

_____

Schaut, was wir machen!

Die Kombination, ein Tabu brechen und dass andere Leute es mitbekommen – diese Vorstellung kann viele Männer ziemlich in Fahrt bringen. Verbotene Früchte sind immer verlockend, vor allem wenn es um Sex geht. Wenn dazu noch die Möglichkeit kommt, der Welt zu zeigen, wie sexuell leistungsfähig man ist, wird diese Fantasie geradezu unwiderstehlich. Haben Sie das schon mal versucht – die Vorhänge offen lassen, so dass alle zuschauen können? Oder bei einer Party in einem fremden Haus, und Sie machen einfach weiter,

Top Secret: Was Deine Mama Dir nie über Männer erzählt hat™

wenn jemand reinkommt…? Kommen Ihnen jetzt noch andere Ideen?

_____

_____

_____

Großer Altersunterschied

Manchmal ist es der persönliche Geschmack. Manchmal will man einfach, was man nicht hat. Und manchmal will man die alten Zeiten zurück. Es ist ziemlich üblich, das mindestens einmal im Leben auszuprobieren. So oder so fantasieren Männer häufig über Sex mit Frauen, die entweder viel jünger oder viel älter als sie sind. Achtzehnjährige Männer fantasieren über Frauen in den Vierzigern, 54jährige Männer fantasieren über Sex mit achtzehnjährigen Frauen, und so weiter. Fragen Sie sich: Würde ich Sex mit jemandem haben, der über 20 Jahre jünger oder älter ist als ich?

_____

_____

_____

„Runtergehen"

Seite 94
"Das Handbuch für genialen SEX"

Eine der beliebtesten Sex-Fantasien von Männern ist, Frauen oral zu befriedigen. Sowohl die Vorstellung, der Frau Lust zu bereiten, als auch die Stimulation des Geschmacks- und Geruchssinnes macht diese Fantasie unglaublich erregend für Männer. Ich bin selbst schon mit vielen Frauen zusammen gewesen, und die meisten Frauen, die ich kenne, mögen das nicht! Frauen machen gerne selbst oralen Sex, weil sie dann die Kontrolle haben. Wenn nicht, liegt es meist an negativen Erfahrungen aus der Vergangenheit.
Bitte sagen Sie Ihrem MANN, ob ihnen das gefällt bzw. sie es sich wünschen.

_____

_____

Tapetenwechsel

„Lage, Lage, Lage" ist das Motto für Immobilienmakler, aber es ist auch ein Hauptbestandteil der sexuellen Fantasien von Männern. Ob nachts am Strand, auf der Kühlerhaube seines Autos, in der Sommersonne im Park oder in der

Top Secret: Was Deine Mama Dir nie über Männer erzählt hat™

Küche – Sex an ganz bestimmten Orten ist eine der erregendsten Fantasien vieler Männer. An welchen Orten möchten Sie gerne Sex mit Ihrem MANN haben?

_____

_____

_____

Pornos anschauen

Es wird häufig gesagt, dass Männer sehr visuell sind, und diese sexuelle Fantasie bestätigt das. Einer Frau beim Masturbieren oder einem Paar beim Sex zuzuschauen gehören sicherlich zu den Lieblingsfantasien Ihres MANNes. Das ist keine Überraschung, wenn man bedenkt, wie beliebt Pornos sind. Bitten Sie Ihren MANN, mit Ihnen Pornos zu schauen. Die meisten Frauen schauen nicht gerne Pornos, weil sie den Vergleich ihres Körpers mit den Pornodarstellerinnen fürchten. Werden Sie Ihren MANN darum bitten, oder wäre das eine Herausforderung für Sie?

_____

_____

Die Kontrolle überlassen

In einer Gesellschaft, in der von Männern meistens erwartet wird, dass sie die Initiative ergreifen, sollte es Sie nicht schockieren, dass viele davon träumen, mal das genaue Gegenteil zu tun und komplett die Kontrolle an eine Frau abzugeben. Das kann schlichtweg bedeuten, dass ihnen gesagt wird, was sie im Bett zu tun haben, oder aber bis dahin gehen, sich fesseln und „vergewaltigen" zu lassen.
Möchten Sie auch mal die Kontrolle übernehmen? Wenn ja, dann wechseln Sie sich im Bett ab und stellen Sie einander viele Fragen.

Gefällt Ihnen dieses Buch?
Folgen Sie mir auf Twitter.
Meine Twitter-Adresse lautet:
@Cvc4v #CvPillay

Top Secret: Was Deine Mama Dir nie über Männer erzählt hat™

Probieren Sie das!

Schlussendlich – bevor Sie mit Ihrem MANN Streit anfangen, ein wichtiger Hinweis: Auch wenn all dies beliebte sexuelle Fantasien von Männern sind, ist doch jeder Mann anders. Der beste Weg herauszufinden, was Ihr MANN sich im Geheimen wünscht ist, ihn zu fragen, statt Vermutungen anzustellen, Gedanken zu lesen oder wahllos Artikel im Internet zu lesen.

Denken Sie immer daran: Einige sexuelle Fantasien bleiben am besten unerfüllt!

_____

_____

_____

_____

_____

Power-Spruch
Wenn Sie nie fragen, werden Sie es nie wissen.
Sie werden immer wissen, ob es das Richtige für Sie ist.

Seite 98
"Das Handbuch für genialen SEX"

Top Secret: Was Deine Mama Dir nie über Männer erzählt hat™

Ihre vier sexuellen Fantasien:

1. _____
   _____
   _____
   _____

2. _____
   _____
   _____
   _____

3. _____
   _____
   _____
   _____

4. _____
   _____
   _____
   _____

Power-Spruch
Vertrauen ist das beste Gleitmittel für tollen Sex!

Top Secret: Was Deine Mama Dir nie über Männer erzählt hat™

Die vier sexuellen Fantasien Ihres MANNes:

1. _____

   _____

   _____

2. _____

   _____

   _____

3. _____

   _____

4. _____

   _____

Gefällt Ihnen dieses Buch?
Schicken Sie mir Ihr Foto mit dem Buch auf WhatsApp.
Meine Nummer ist: +(44) 778899 5678

Feedback an Sie selbst

1. Was war mein größtes Aha-Erlebnis bei der Lektüre dieses Abschnitts?

_____

_____

_____

2. Was werde ich konkret tun, nachdem ich diesen Abschnitt gelesen habe?

_____

_____

_____

3. Brauche ich dafür Unterstützung? Wenn ja, von wem?

_____

_____

_____

> **Power-Spruch**
> *Das schlimmste Gefängnis ist die eigene vorgefasste Meinung!*

ROLLENSPIELE – JA ODER NEIN?

Erinnern Sie sich noch, wie Sie als Kind endlose Stunden mit Spielen verbringen konnten? Wie Sie mit Ihrer Fantasie alle möglichen alternativen Realitäten erschaffen haben? Erst wenn wir erwachsen werden, benutzen wir unsere Vorstellungskraft immer weniger und bekommen immer mehr Hemmungen. Mit den folgenden Ideen können mal wieder „loslassen" und dabei Spaß haben. Sie können sich auf Abenteuer begeben oder einfach mal jemand anders sein, und gleichzeitig erweitern Sie Ihre sexuellen Möglichkeiten.

Hier sind ein paar Szenarien, die ich für Sie entwickelt habe. Spielen Sie und haben Sie viel Spaß!

Machen Sie sich Notizen.

Power-Spruch
"Don't See The Change,
Be The Change In The Bedroom."

Sex-Coach und Klient(in)

Werfen Sie eine Münze, um den Klienten zu bestimmen.

Szenario: Der Sex-Coach muss irgendwo hingehen, wo er ungestört den Anruf des Klienten entgegennehmen kann. Nehmen wir an, Sie sind der Sex-Coach. Ihr Klient ruft Sie an und bittet um Ideen, wie er (oder sie) seinem Partner (das sind Sie) Lust bereiten kann. Sie beschreiben mit vielen Details einige Möglichkeiten, wie man Ihnen Lust bereiten kann. Damit das gut funktioniert, muss der Klient alles Gesagte aufschreiben und Fragen stellen, wenn er etwas nicht versteht.

_____

_____

_____

_____

_____

_____

_____

Top Secret: Was Deine Mama Dir nie über Männer erzählt hat™

Herr/Herrin und Sklave/Sklavin

Werfen Sie eine Münze, um den Sklaven (oder die Sklavin) zu bestimmen.

Szenario: Sobald die Rollen feststehen, muss der Sklave (oder die Sklavin) alles tun, was auch immer von ihm verlangt wird. Damit dies funktioniert, müssen Sie entweder eine Zeitschaltuhr verwenden oder sich auf ein Kennwort einigen. Auf jeden Fall muss gewährleistet sein, dass der Sklave aufhören kann, wenn es ihm (oder ihr) zu viel wird. Wechseln Sie sich ab, damit jeder einmal der Sklave ist – weil Sie den anderen lieben!

___

Power-Spruch
Du weißt, ich liebe Dich!

Top Secret: Was Deine Mama Dir nie über Männer erzählt hat™

Barfrau/Barkeeper und Kunde

Werfen Sie eine Münze, um die Barfrau oder den Barkeeper zu bestimmen.

Szenario: Der Kunde (oder die Kundin) hat seinen Drink bereits ausgetrunken und hat aber kein Geld, ihn zu bezahlen. Was tut die Barfrau (oder der Barkeeper), da der Kunde ihr Typ ist, sie Single ist und eine Weile keinen Sex gehabt hat? Bieten Sie an, ihm den Drink zu bezahlen, wenn er dafür mit Ihnen XXX macht. Oder haben Sie noch andere Ideen?

_____

_____

_____

_____

_____

Power-Spruch
Investieren Sie Sex in Ihre Beziehung.
Sie können es sich leisten!
Glauben Sie mir!

Top Secret: Was Deine Mama Dir nie über Männer erzählt hat™

Telefonsex-Hotline und Anrufer(in)

Werfen Sie eine Münze, um den Anrufer zu bestimmen.

Szenario: Der Anrufer (oder die Anruferin) muss irgendwo hingehen wo er (oder sie) ungestört ist, um die Telefonsex-Hotline anzurufen. Der Anrufer ruft die Hotline an und bittet um eine Story, die ihn heiß macht. Der Hotline-Mitarbeiter erzählt dem Anrufer eine Geschichte mit sehr vielen Details, die ihn (oder sie) zum Orgasmus bringt. Damit das richtig gut funktioniert, sollte der Anrufer dem anderen vorher eine sexuelle Fantasie verraten, die er gerne hören möchte.

_____

_____

_____

_____

_____

_____

Power-Spruch
"Think Sexy And Be It."

Top Secret: Was Deine Mama Dir nie über Männer erzählt hat™

Schuldirektor(in) und Schüler(in)

Szenario 1: Eine autoritäre Schuldirektorin bestraft den bösen Schuljungen für sein konstant schlechtes Betragen. Sie wird ihn dazu verdonnern, all die schmutzigen Sätze, die er geschrieben hat (und die natürlich mit Sex zu tun haben), nochmals aufzuschreiben und ihr vorzulesen. Es kann gut sein, dass sie ihm den Hintern versohlt – er sollte besser MANNs genug sein, das zu ertragen!

Szenario 2: Ein Schulmädchen im Minirock, das sich weigert, die Bekleidungsrichtlinien der Schule zu befolgen, wird zum Schuldirektor geschickt. Dieser legt sie übers Knie und verpasst ihr eine Strafe, die beiden Spaß macht!

_____

_____

_____

_____

_____

_____

_____

Top Secret: Was Deine Mama Dir nie über Männer erzählt hat™

Räuber und Polizist(in)

Werfen Sie eine Münze, um den Räuber zu bestimmen.

Szenario 1: Sie wurden gerade in flagranti erwischt, wie Sie in ein Haus einbrechen wollten (Wenn Sie mögen, tragen Sie dabei eine Maske und einen Beutel für die Diebesbeute). Der Gesetzeshüter ist ein(e) sehr sexy Polizist(in) – eine minimale Polizeiuniform ist hier Pflicht! Um Sie am Weglaufen zu hindern, fesselt der Polizist / die Polizistin Sie an einen Stuhl oder Bett, verbindet Ihnen die Augen und beginnt das Verhör. Der Polizist beschimpft und verspottet Sie. Er raunt Ihnen ins Ohr, was er als nächstes mit Ihnen machen und wo er Sie als nächstes berühren wird, und Sie als Räuber können nichts dagegen tun.

Szenario 2: Wechseln Sie die Rolle und werden Sie vom Räuber zum Undercover-Polizist, nachdem der Polizist seinen Spaß mit Ihnen gehabt hat. Jetzt ist er der korrupte Polizist und bekommt Ärger mit Ihnen…

_____

_____

_____

_____

Top Secret: Was Deine Mama Dir nie über Männer erzählt hat™

Feedback an Sie selbst

1. Was war mein größtes Aha-Erlebnis bei der Lektüre dieses Abschnitts?

_____

_____

_____

2. Was werde ich konkret tun, nachdem ich diesen Abschnitt gelesen habe?

_____

_____

_____

3. Brauche ich dafür Unterstützung? Wenn ja, von wem?

_____

_____

_____

> *Power-Spruch*
> *Das schlimmste Gefängnis ist die eigene vorgefasste Meinung!*

FRAGEN UND ANTWORTEN

Lesen Sie und antworten Sie mit „Stimmt" oder „Stimmt nicht". Und warum? Es gibt hier keine falschen Antworten. Der Sinn dieser Frage- und Antwort-Runde ist, dass Sie Ihre sexuellen Ansichten mit denen Ihres MANNes vergleichen und darüber reden.

Schreiben Sie Ihre Antworten auf – das macht es sie „wirklicher" und Sie gewinnen beide ein besseres Verständnis füreinander.

Sie können diese Frage-Antwort-Runde auch alleine vor dem Spiegel machen, wenn Sie gerade keinen Partner haben.

Power-Spruch
Sie können nur eine einzige Person wirklich belügen – sich selbst!

Sie sind dran.

1. Wenn ich Dich nackt sehe, hat das keine Wirkung mehr auf mich.

2. Sex ohne Liebe bereitet mir keine Lust.

3. Es gehört viel dazu, mich sexuell zu erregen.

4. Ich denke mehrfach am Tag an Sex.

Top Secret: Was Deine Mama Dir nie über Männer erzählt hat™

_____

_____

5. Die Vorstellung einer Orgie macht mich an.

_____

_____

_____

_____

6. Manchmal habe ich nach dem Sex ein schlechtes Gewissen.

_____

_____

_____

_____

7. Ich hatte ein paar schlechte sexuelle Erfahrungen.

_____

_____

_____

_____

8. Pornos machen mich heiß.

_____

_____

_____

_____

> **Power-Spruch**
> *Sie können nur eine einzige*
> *Person wirklich belügen – sich selbst!*

Nun ist Ihr MANN dran.

1. Wenn ich Dich nackt sehe, hat das keine Wirkung mehr auf mich.

_____

_____

_____

_____

2. Sex ohne Liebe bereitet mir keine Lust.

_____

_____

_____

3. Es gehört viel dazu, mich sexuell zu erregen.

_____

_____

_____

_____

4. Ich denke mehrfach am Tag an Sex.

_____

_____

_____

_____

5. Die Vorstellung einer Orgie macht mich an.

_____

_____

_____

_____

6. Manchmal habe ich nach dem Sex ein schlechtes Gewissen.

_____

_____

_____

_____

7. Ich hatte ein paar schlechte sexuelle Erfahrungen.

_____

_____

_____

_____

8. Pornos machen mich heiß.

_____

_____

_____

_____

Haben Sie neue Erkenntnisse über sich selbst gelernt?

Wollen Sie es mir mitteilen?
Meine E-Mail-Adresse ist: ShareWithMe@c4v.co.uk

Top Secret: Was Deine Mama Dir nie über Männer erzählt hat™

Feedback an Sie selbst

1. Was war mein größtes Aha-Erlebnis bei der Lektüre dieses Abschnitts?

_____

_____

_____

2. Was werde ich konkret tun, nachdem ich diesen Abschnitt gelesen habe?

_____

_____

_____

3. Brauche ich dafür Unterstützung? Wenn ja, von wem?

_____

_____

_____

> *Power-Spruch*
> *Das schlimmste Gefängnis ist die eigene vorgefasste Meinung!*

Der Vorhang fällt...

Damit endet diese Reise zu dem „Was Deine Mama Dir nie über Männer erzählt hat ™". Ich hoffe, dass das Buch sich für Sie gelohnt hat und Ihnen die Übungen im Buch Spaß gemacht haben.

Ich möchte nun gerne mit Ihnen an den Herausforderungen arbeiten, die Sie jetzt noch haben. Rufen Sie mich an und buchen Sie einen halben Tag Intensives SuccSex Coaching, oder wenn Sie abenteuerlustig sind, buchen Sie mich für ein Wochenende an einem Ferienziel ihrer Wahl: +(44) 778899 5678.

Ich möchte nochmals allen danken, die mir geholfen haben, dieses Buch Realität werden zu lassen und vor allem möchte ich IHNEN dafür danken, dass Sie das Buch gelesen haben.

Cv Pillay

28 Dezember 2015, London *(Überarbeitete Fassung)*

Top Secret: Was Deine Mama Dir nie über Männer erzählt hat™

„SHARING IS THE NEW SEXY"

Hat Ihnen dieses Buch gefallen? Wenn ja, dann sagen Sie es bitte weiter. Ich wette, Sie haben eine E-Mail-Liste mit Freunden und Kontakten. Verschicken Sie doch einfach mal eine „Gruppen-Mail" über dieses Buch und seinen Inhalt.

Wenn Sie möchten, posten Sie gerne über das Buch auf Facebook, Twitter, Instagram, Google oder welche Social Media Sie auch immer nutzen. Oder lassen Sie Ihr Buch (nachdem Sie Ihren Namen reingeschrieben haben), mal „zufällig" dort rumliegen, wo Sie arbeiten, spielen oder anderen Leute treffen. Da könnte sich ziemlich interessanter Gesprächsstoff ergeben!

Haben Sie Freunde oder Bekannte bei den Medien? Erzählen Sie ihnen von dem Buch. Vielleicht können sie daraus eine gute Story, einen Artikel oder ein Feuilleton machen. (Ich bin gut über Telefon zu erreichen.) Arbeiten Sie bei einer Zeitschrift oder in der Öffentlichkeitsarbeit? Es würde mich freuen, wenn Sie eine Rezension über dieses Buch veröffentlichen würden.

Wenn Sie mir auf den Social Media folgen wollen, hier sind meine Adressen:

LinkedIn : Cv Pillay
Twitter : twitter.com/Cvc4v
Skype : C4v.ltd
Instagram : instagram.com/CvPillay
Facebook : fb.com/Cv.co.uk
Google : google.com/+CvPillay

Und nochmal – bei all dem kann Ihnen mein SuccSex Coaching helfen:

- ♦ Spitzenleistungen erreichen
- ♦ Ihr Potenzial voll ausschöpfen
- ♦ Ziele setzen
- ♦ Ins Tun kommen
- ♦ Klarheit bekommen
- ♦ Aufschieberitis besiegen
- ♦ Work-Life-Balance
- ♦ Karriere/Finanzen
- ♦ Partnersuche/Beziehungen
- ♦ Selbstvertrauen/Glaubenssätze bzgl. Sex

Top Secret: Was Deine Mama Dir nie über Männer erzählt hat™

- Motivation/Energielevel
- Persönlichkeitsentwicklung
- Interessen/Lebenssinn finden
- Stress reduzieren
- Gesundheit/Wohlbefinden
- Abnehmen/Zunehmen
- Kommunikative Fähigkeiten
- Ihr eigenes Geschäft gründen
- Führung
- Fragetechniken
- Körpersprache
- Reden in der Öffentlichkeit
- Sexualleben

Power-Spruch
Leben Sie heute, als sei es Ihr letzter Tag...
Aber bezahlen Sie mich erst noch und benutzen Sie ein Kondom.
Nur für den Fall, dass Sie doch noch weiter leben!

Top Secret: Was Deine Mama Dir nie über Männer erzählt hat™

DANKE!

Cv Pillay

Der SuccSex-Guru der Stars™

Preisgekrönter Beststellerautor, Gewinner des

"What Women Want To Know Authority Award"

Internationaler Motivationstrainer

Finalist bei der Wahl zum Unternehmer des

Jahres 2015

Drehbuchautor

Power-Spruch
Dass sich unsere Wege gekreuzt haben
War kein Fehler.

"Das Handbuch für genialen SEX"

Top Secret: Was Deine Mama Dir nie über Männer erzählt hat™

POWER-SPRÜCHE

Hier können Sie nochmal alle Sprüche aus diesem Buch Revue passieren lassen. Wenn Sie Ihnen gefallen, können Sie sie gerne teilen, und bitte kennzeichnen Sie sie immer mit (#CvPillay). Die Seitenzahlen stehen dabei, nur für den Fall, dass Sie den einen oder anderen Abschnitt nochmal lesen wollen:

Seite 8:
Du kannst Deine Vergangenheit nicht ändern
Aber Deine Zukunft!

Seite 9:
Dass sich unsere Wege gekreuzt haben
War kein Fehler.

Seite 14:
Eine Sache nicht zu Ende führen
Ist wie ein Kondom auspacken und nicht benutzen.

Seite 18:
Ohne Tun trägt der Sieg keine Früchte.

Seite 20:
Beim Sex geht es um Wahlmöglichkeiten
Und darum, was Ihnen am wichtigsten ist.

Seite 122
"Das Handbuch für genialen SEX"

Top Secret: Was Deine Mama Dir nie über Männer erzählt hat™

Seite 23:
Kein Sex mit Ihrem MANN ist wie ein Auto ohne
Räder. Sie kommen beide nirgendwo an!

Seite 25:
Sehen Sie nie auf Ihren Mann herunter
Außer er ist gerade zwischen Ihren Beinen!

Seite 26:
Wenn das Leben wie ein Rennen wäre:
Wenn Du mir immer sagst, wie ich laufen soll
Laufe ich eines Tages aus deinem Leben weg

Seite 28:
"Where Energy Flows, Victory Grows."

Seite 30:
Der größte Fehler ist, einer anderen Frau
Die Möglichkeit zu geben, genialen Sex
Mit Ihrem MANN zu haben

Seite 31:
Der schlimmste Fehler ist,
Sich nicht einzugestehen, dass man Fehler macht.

Seite 33:
Ändern Sie Ihr Denken und das
Ändert ihre sexuelle Energie.

Seite 123
"Das Handbuch für genialen SEX"

Seite 34:
Sex ist ein Meisterwerk, Geschaffen durch die Natur
Und die Zeit, die wir uns dafür nehmen.

Seite 36:
Ihr MANN möchte Ihnen gerne Lust bereiten!

Seite 37:
"Treat Me Right And You Will See The Light,
Treat Me Wrong And You Will Be Gone."

Seite 38, 56, 63, 67, 77, 80, 84, 89, 101, 109, 116:
Das schlimmste Gefängnis ist die eigene vorgefasste
Meinung!

Seite 43:
Niemand ärgert uns. Wir entscheiden uns,
Mit Ärger zu reagieren.

Seite 46:
Wenn Sie etwas Neues wollen,
Müssen Sie etwas Neues tun!

Seite 48:
Wenn Ihnen Ihr Sexleben wichtig ist Finden
Sie einen Weg. Wenn nicht,
Finden Sie eine Ausrede.

Seite 49:
Niemand kann Sie gewinnen lassen außer Sie selbst!

Seite 124
"Das Handbuch für genialen SEX"

Top Secret: Was Deine Mama Dir nie über Männer erzählt hat™

Seite 52:
"Sharing Is The New Sexy"

Seite 54:
Das größte Geschenk, dass Sie Ihrem Liebesleben machen können, ist: Aufmerksamkeit

Seite 55:
"Kama Sutra Is When Fate Fucks You In All Sorts Of Creative Sexual Ways."

Seite 58:
Wenn Sie genialen Sex wollen, Muss die Reise bei Ihnen selbst beginnen.

Seite 62:
Nichts kann Sie stoppen, Wenn Sie sich wieder wie ein Kind fühlen!

Seite 62:
Sie sind zu 100% selbst verantwortlich für Ihre Sexuelle Energie.

Seite 64:
Ihr Sexleben wird nie wieder dasselbe sein!

Seite 66:
"I Don't Do Sexy. I Am Sexy."

Seite 125
"Das Handbuch für genialen SEX"

Top Secret: Was Deine Mama Dir nie über Männer erzählt hat™

Seite 69:
Denken Sie immer daran, meine Damen:
Blowjobs sind wie Blumen für Ihren MANN.

Seite 75:
"Spitters Are Quitters."

Seite 88:
Ich mache keine Diät, ich esse sexy!

Seite 91:
Wir haben sexuelle Fantasien über andere
Frauen. Wir können nichts dafür.
Es geschieht einfach!

Seite 98:
Wenn Sie nie fragen, werden Sie es nie
wissen Sie werden immer wissen,
ob es das Richtige für Sie ist.

Seite 99:
Vertrauen ist das beste Gleitmittel
für tollen Sex!

Seite 102:
"Don't See The Change, Be The Change
In The Bedroom."

Seite 126
"Das Handbuch für genialen SEX"

Seite 104:
Du weißt, ich liebe Dich!

Seite 105:
Investieren Sie Sex in Ihre Beziehung.
Sie können es sich leisten! Glauben Sie mir!

Seite 106:
"Think Sexy And Be It."

Seite 110, 113:
Sie können nur eine einzige Person wirklich
belügen – sich selbst!

Seite 120:
Leben Sie heute, als sei es Ihr letzter Tag…
Aber bezahlen Sie mich erst noch und benutzen Sie ein
Kondom. Nur für den Fall, dass Sie doch noch weiter
leben!

Seite 121:
Dass sich unsere Wege gekreuzt haben
War kein Fehler.

Power-Spruch
*Ob Sie gewinnen, hängt von dem ab,
was Sie heute tun.*

Seite 127
"Das Handbuch für genialen SEX"

Top Secret: Was Deine Mama Dir nie über Männer erzählt hat™

NOTIZEN

NOTIZEN

NOTIZEN

www.ingramcontent.com/pod-product-compliance
Lightning Source LLC
Chambersburg PA
CBHW061417300426
44114CB00015B/1976